D1403807

DEL SOFÁ A **LA COCINA**

recetas de series **de televisión**

© 2017, Daniel López y Valentina Morillo
Publicado por acuerdo con SalmaiaLit, Agencia Literaria
Ilustración de cubierta: Cristian Barbeito

Primera edición en este formato: octubre de 2017
© de esta edición: 2017, Roca Editorial de Libros, S.L.
Av. Marquès de l'Argentera 17, pral.
08003 Barcelona
actualidad@rocaeditorial.com
www.rocalibros.com

Impreso por Egedsa

ISBN: 978-84-16700-89-9
Depósito legal: B-16398-2017
Código IBIC: WBB
Código producto: RE00899

DEL SOFÁ A **LA COCINA**

recetas de series **de televisión**

Daniel López & **Valentina Morillo**

Rocaeditorial

AGRADECIMIENTOS

A nuestros padres: Chelo y Rafa, Alma y Luis Eduardo.

A nuestros hermanos Juan y Sara, porque con su apoyo y cariño nos hacen la vida más fácil.

A nuestro gato Loki por acompañarnos en la cocina y dejarnos hacer las fotos.

A quienes nos han regalado su tiempo para corregir los errores y darnos su opinión: Chelo, Juan y María.

A nuestros mecenas en Verkami y a los que escuchan *Del sofá a la cocina* cada semana.

ÍNDICE

INTRODUCCIÓN

La televisión y la cocina siempre han estado relacionadas. Ya en 1947, por ejemplo, la compañía de alimentación Kraft produjo el programa *Kraft Television Theatre* para la cadena norteamericana NBC, en el que adaptaban obras de teatro a la pequeña pantalla y, de paso, promocionaban sus productos. Y desde los clásicos programas que enseñaban cómo preparar platos que parecían de otro mundo (como el mítico *The French Chef*, que presentaba Julia Child en 1963), a la multitud de grandes escenas en las series que transcurren alrededor de la mesa, la cocina continúa traspasando la pantalla y estableciendo un vínculo con el espectador.

Los libros de recetas relacionados con series de televisión (y películas), también existen desde hace mucho tiempo. En 1970, por ejemplo, se publicó *The Dark Shadows Cookbook*, que vendía «las recetas favoritas de tus personajes favoritos de televisión», los del culebrón *Dark Shadows* en este caso. Hoy en día, podemos encontrar con facilidad libros de cocina con el nombre de alguna serie famosa en la portada. En muchos casos, las recetas de esos libros están «inspiradas» en las series, es decir, que esos platos no tienen por qué aparecer en pantalla o ser nombrados en ningún momento. Eso nos frustra, porque lo que nos parece curioso e interesante es descubrir cómo podemos comer lo que están comiendo los personajes, lo que dicen que les gusta comer o lo que cocinan, no lo que alguien cree que podría existir en sus universos. Y por eso decidimos hacer este libro.

Por supuesto, como estamos hablando de series en general, no están aquí todas las recetas que han aparecido alguna vez en pantalla: nuestro trabajo de investigación ha sido meticuloso, pero estamos seguros de que nos hemos dejado algo por descubrir. Ni siquiera están todas las que hemos encontrado pues las limitaciones de la página son las que son. Pero, al final, creemos haber reunido una buena selección de recetas y series. También hemos incluido referencias a los platos en otros episodios y muchos datos curiosos, para que quien no se sienta lo suficientemente valiente como para ponerse el delantal, pueda disfrutar del libro solo como aficionado al mundo de las series de televisión. Y es que queremos no solo animaros a cocinar todas las recetas (nosotros las hemos preparado en nuestra humilde cocina, así que cualquiera puede hacerlo), también queremos provocar una sonrisa en ese momento de conexión en el que recordéis las escenas en las que aparecen los platos de este libro. Incluso, que os animéis a ver (o volver a ver) algún episodio o a buscar alguna escena en concreto por algo que habéis leído aquí. Esperamos que disfrutéis del libro y de la comida que salga de él. Nosotros lo hemos hecho.

Cada receta de este libro viene acompañada por la descripción de la escena de una serie en la que aparece. Aunque hemos sido cuidadosos y no revelan giros importantes en las tramas, si eres alérgico a los *spoilers* de cualquier tipo, te recomendamos prestar atención al título de la serie y el número del episodio que aparece en la parte superior, para que te saltes ese apartado si así lo prefieres. En Crossover y Escenas eliminadas, puedes navegar tranquilo porque son frases cortas que, en la mayoría de los casos, lo que harán es despertar tu curiosidad y hacer que quieras ver el episodio para recordar lo que ocurre.

¿CÓMO USAR ESTE LIBRO?

ESTA NO ES MI SERIE, ME LA HAN CAMBIADO

Para homogeneizar y ahorrar espacio en el libro, los títulos de las series y capítulos están en su idioma original. Aquí tienes una guía con las correspondencias en castellano según su nombre de emisión en España:

2 Broke Girls	Dos chicas sin blanca
30 Rock	Rockefeller Plaza
3rd Rock From the Sun	Cosas de marcianos
Adventure Time	Hora de aventuras
American Dad!	Padre Made in USA
Battlestar Galactica	Galáctica, estrella de combate
Beverly Hills, 90210	Sensación de vivir
Bewitched	Embrujada
Blackadder	La víbora negra
Call the Midwife	¡Llama a la comadrona!
Curb Your Enthusiasm	Larry David
Dawson's Creek	Dawson crece
Dead Like Me	Tan muertos como yo
Desperate Housewives	Mujeres desesperadas
Entourage	El séquito
ER	Urgencias
Family Guy	Padre de Familia
Flight of the Conchords	Los Conchords
Full House	Padres forzosos
Game of Thrones	Juego de tronos
Gilmore Girls	Las chicas Gilmore
Grey's Anatomy	Anatomía de Grey
Happy Endings	Finales felices
How I Met Your Mother	Cómo conocí a vuestra madre
I Love Lucy	Te quiero, Lucy
It's Always Sunny in Philadelphia	Colgados en Filadelfia
King of the Hill	El rey de la colina
Law & Order: Criminal Intent	Ley y orden: Acción criminal
Lie To Me	Miénteme
Lost	Perdidos
Mad About You	Loco por ti
Malcom in the Middle	Malcom
Marvel's Agents of S.H.I.E.L.D	Agentes de SHIELD
Murder She Wrote	Se ha escrito un crimen
NCIS: Naval Criminal Investigative Service	Navy: investigación criminal
Northern Exposure	Doctor en Alaska

TABLA DE EQUIVALENCIAS

Para la elaboración de las recetas, hemos usado un juego de medidores de tazas y cucharas que resultan muy prácticos en la cocina y nos ahorran mucho tiempo. Pero, si lo que tenéis en casa es una báscula, con esta guía podéis calcular fácilmente las equivalencias en gramos.

LÍQUIDOS

1 taza	=	250 ml
½ taza	=	125 ml
⅓ taza	=	80 ml
¼ taza	=	60 ml
1 cucharada	=	15 ml
1 cucharadita	=	5 ml

AZÚCAR

1 taza	=	200 g
½ taza	=	100 g
⅓ taza	=	60 g
¼ taza	=	50 g
1 cucharada	=	20 g
1 cucharadita	=	7 g

HARINA

1 taza	=	125 g
½ taza	=	60 g
⅓ taza	=	45 g
¼ taza	=	30 g
1 cucharada	=	15 g
1 cucharadita	=	5 g

MANTEQUILLA

1 taza	=	225 g
½ taza	=	115 g
⅓ taza	=	75 g
¼ taza	=	55 g
1 cucharada	=	15 g
1 cucharadita	=	15 g

PARA CENAS VIENDO LA TELEVISIÓN

Por el frenetismo de la vida moderna, es complicado hacer hueco en el día a día para ver nuestras series favoritas tranquilamente. A veces, no nos queda otra que sacar el mayor jugo posible al tiempo combinando dos actividades en una: comer y ver series. Pero, ¿qué pasa si estamos disfrutando de una de esas series que no podemos esperar a ver, una de esas que pausamos cuando vamos a estornudar? Pues que comer con cuchillo y tenedor, tener que desviar la mirada frecuentemente al plato o dedicar mucho tiempo a cocinar, no es lo más conveniente. Entonces, qué mejor que algo que no nos quite mucho tiempo en la cocina, que podamos preparar con antelación y que nos permita tener los ojos casi siempre donde más nos apetece.

Sándwich Jay Prichett

Ingredientes

- 2 rebanadas de pan de molde de trigo (o integral)
- 4 lonchas de pechuga de pavo
- 2 lonchas de bacon
- 1 loncha de queso emmental
- 2 pimientos del piquillo
- 2 anchoas
- 1 hoja de lechuga

 Tiempo de preparación: 15 min Webisodio ✶ 1 sándwich

Preparación:

▶ Este es un sándwich frío, así que lo único que tendremos que cocinar es el bacon y lo haremos en una sartén sin aceite hasta que esté crujiente. ▶ Retiramos. ▶ Sobre la rebanada base del sándwich ponemos la lechuga, luego el pavo, el queso, el bacon, los pimientos y finalizamos con las anchoas. ▶ Si os parece demasiado salado, podéis quitarle las anchoas (Jay no se ofenderá), pero entonces se convierte en otro sándwich: el Jack Feldman.

MODERN FAMILY

3x23 «Tableau Vivant»

En este episodio, Jay lleva a Gloria a Lenny's Delicatessen para que pruebe el bocadillo con su nombre que venden allí. Un bocado es todo lo que ella necesita para saber que no le gusta. Eso, y que la camarera del local, Maxine, sepa más sobre la vida de Jay que Gloria, hace que estén algo tensos todo el episodio. Ya sea para atraer ciervos o porque realmente os gusta, con esta receta podéis disfrutar del sándwich por mucho menos de los 7,70 $ que vale en Lenny's.

CROSSOVER

Jay no es el único personaje de serie con su nombre en un bocadillo. En el episodio 5x01 de *Curb Your Enthusiasm*, Larry David descubre que tiene uno en Leo's Delicatessen. Eso sí, nada más escuchar lo que tiene, le parece que suena horrible: *whitefish* (un pescado parecido al salmón), bacalao negro, alcaparras, cebolla y queso crema. El de Ted Danson (que también tiene el suyo) sonaba mucho mejor.

ESCENAS ELIMINADAS

Jay tiene fuertes lazos emocionales con la comida. No solo con su bocadillo, también con la receta para pasta de su madre, la cual prepara con Phil para toda la familia en el episodio 2x21. Cuando la prepara, vemos que le pone, por lo menos, carne picada de ternera, salchichas y queso parmesano.

PARA CENAS VIENDO LA TELEVISIÓN

Apple Dandies

Ingredientes

- 2 rebanadas de pan de molde integral (mejor no cuadrado y un poco grueso)
- 2 cucharadas de mantequilla
- 4 lonchas de bacon
- 1 manzana cortada en daditos
- 1 cucharada de azúcar moreno
- 2-3 lonchas de queso cheddar

 Tiempo de preparación: **15 min** Webisodio ⋆**2 tostas**

Preparación:

▸ Precalentamos el horno a 200 ºC. ▸ En una sartén sin aceite y a fuego fuerte, cocinamos el bacon hasta que esté crujiente. ▸ Retiramos y lo dejamos enfriar sobre papel absorbente. ▸ Cuando esté frío, lo desmenuzamos y lo mezclamos con los dados de manzana. ▸ Untamos las rebanadas de pan con mantequilla, ponemos sobre cada una de ellas la mezcla de bacon y manzana y espolvoreamos el azúcar por encima. ▸ Metemos las tostas en la bandeja del horno a media altura durante 3-4 min hasta que el azúcar burbujee. ▸ Pasado este tiempo, cubrimos con queso cada tosta y horneamos 3 min más, hasta que el queso empiece a derretirse. ▸ Sacamos y servimos.

FUTURAMA

4x11 «The 30% Iron Chef»

En este episodio, Bender descubre que a sus compañeros de trabajo no les gusta su manera de cocinar y decide huir, lo que le lleva hasta un famoso cocinero retirado (Helmut Spargle) que le entrena para ganar una competición culinaria televisiva. Al final, lo consigue. No gracias a su habilidad, sino al ingrediente secreto de Spargle, que es agua y LSD. Uno de los jueces de la competición es la famosa cocinera Martha Stewart, que comenta haber terminado una guerra intergaláctica de mil años con este plato (su secreto es ponerle carne de cerdo). Por este y otros detalles, creemos que la guerra de la que habla debe ser el conflicto entre Israel y Palestina. ¡Sí que es una buena receta!

CURIOSIDADES

En la competición de cocina en la que participa Bender (parodia del concurso americano de origen japonés *Iron Chef*), el ingrediente secreto para cocinar es *Soylent Green*, en referencia a la película del mismo nombre, en la que el protagonista descubre que es una manera «curiosa» de lidiar con la superpoblación del planeta. En el episodio vemos que es un ingrediente muy versátil: Elzar prepara con él pasta, sopa y ensalada (mezclada con billetes).

ESCENAS ELIMINADAS

No es que en este episodio no haya cocina por parte de los protagonistas, es que la que hay es muy desagradable o imposible de cocinar. Por un lado, tenemos a Bender, que prepara un *brunch* dominguero para sus compañeros que consiste en platos como esqueleto de pollo frito, la pata de un poni, un aparato digestivo humano, una tarta de enjambre, ojos o chupitos de agua de fregona y ácido. Además, vemos al chef estrella Elzar preparar cosas como un innombrable terror del más allá con *chutney* de mango, o una réplica del centro de Venecia en forma de tarta, con gamba gondolera incluida.

Grilled cheese sandwich

Ingredientes

- 2 rebanadas de pan de molde
- 1 loncha de queso emmental
- 2 lonchas de queso mozzarella
- 1 loncha de queso havarti
- 2 cucharadas de mantequilla

 Tiempo de preparación: **15 min** Webisodio ★ **1 sándwich**

Preparación:

▸ Colocamos las lonchas de queso, dejando la mozzarella en medio, sobre una de las rebanadas de pan y tapamos con la otra. ▸ En una plancha o sartén muy caliente, añadimos la mitad de la mantequilla y, cuando esté completamente derretida, ponemos el sándwich. ▸ Bajamos el fuego un poco, esperamos 2-3 min, ponemos el resto de la mantequilla en la parte superior del sándwich y le damos la vuelta. ▸ Cuando la mantequilla esté derretida bajo el pan, hacemos un poco de presión con una espátula para aplanarlo, esperamos 1 min y apagamos el fuego. ▸ Sacamos el sándwich, partimos por la mitad en diagonal y servimos.

GLEE

2X03 «Grilled Cheesus»

En este capítulo, vemos una trama que está claramente centrada en un sándwich. Sí, algunos os dirán que los tiros van más bien por la religión, pero los que estamos aquí sabemos la verdad (el título del episodio lo deja claro). Finn se hace un sándwich y, al terminar, se da cuenta de que en el pan tostado se ve «claramente» una imagen de Jesucristo. La que aquí aparece es la versión más simple y lamentable de un sándwich de queso, pero nosotros somos un poco más sofisticados, así que el nuestro es mucho mejor, imagen de Jesús aparte. Una receta sencilla que debería convertir este simple bocadillo en una de vuestras comidas sagradas (para emergencias y estados de apatía).

CROSSOVER

Un *grilled cheese sandwich* puede ser algo muy impresionante e impactante, como el que prepara la protagonista de *Young & Hungry* como prueba para conseguir un trabajo de chef personal (1x01); o puede ser algo extraño y repulsivo, como el que prepara Charlie en el 2x02 de *It's Always Sunny in Philadelphia*, que tiene sirope de chocolate y mantequilla por dentro y queso y mantequilla de cacahuete por fuera.

CURIOSIDADES

Lo que claramente es un milagro curioso es que el sándwich de Finn consiga esas marcas tan sagradas, teniendo en cuenta que lo prepara usando un grill de esos que vende George Foreman y que debería haber dejado unas líneas paralelas como marcas.

PARA CENAS VIENDO LA TELEVISIÓN

El bocadillo más delicioso

Ingredientes

- ½ barra de pan
- ⅓ taza de queso crema
- 1 rama de eneldo fresco
- 3 rodajas longitudinales de pepinillo
- 4 rodajas de huevo cocido
- 3 solomillos de pollo
- 5 rodajas de pepino
- 2 rodajas de tomate pera
- 2 rodajas de cebolla amarilla
- 1 filete de ternera
- 1 rama de tomillo fresco
- 1 rama de romero fresco
- 3 lonchas de bacon
- 1 cucharada de salsa de pescado
- Sal

 Tiempo de preparación: **45 min** Drama ✴ 1 bocadillo

Preparación:

▶ Para cocer la ternera al vacío, metemos el filete con sal, el tomillo y el romero en una bolsa de vacío con cierre, tratando de sacar todo el aire antes de cerrar, y la metemos en una cazuela con agua a 57 °C. ▶ Para mantener la temperatura, después de 10 min apagamos el fuego y dejamos otros 5 min cocinándose. ▶ Aparte, cocemos el huevo en una cazuela con agua durante 5 min a fuego fuerte, apagamos y dejamos tapado unos 10 min, sacamos y dejamos enfriar antes de pelar y cortar. ▶ Cocinamos el bacon en una sartén a fuego fuerte hasta que coja color por ambos lados y reservamos. ▶ Cocinamos el pollo en la misma sartén, con la salsa de pescado por encima (como sustituto de las lágrimas y el alma de langosta que lleva la receta original). ▶ Con unos 3 min por cada lado a fuego medio-fuerte será suficiente. ▶ Abrimos la barra de pan por la mitad y tostamos ambas mitades con un soplete (en una plancha o en el horno también vale) y montamos el bocadillo. ▶ Primero, untamos el queso crema. ▶ Después deshojamos la rama de eneldo y la repartimos por el pan. ▶ Añadimos los pepinillos, las rodajas de huevo, el pollo, el pepino, el tomate y la cebolla. ▶ Sacamos la carne de la bolsa al vacío, escurrimos si hace falta y la ponemos sobre los otros ingredientes. ▶ Colocamos las lonchas de bacon, que estará crujiente, y tapamos con el pan. ▶ En este momento, puede que el bocadillo se ponga a brillar, pero no os asustéis, es magia.

ADVENTURE TIME

5X33 «Time Sandwich»

Jake llega a casa dispuesto a recibir inspiración para hacer un bocadillo mágico y delicioso. Y las musas responden, pero cuando está a punto de probarlo, Magic Man aparece, roba el bocadillo y se mete en una esfera de melaza que ralentiza el tiempo para poder disfrutar del bocadillo al máximo. Cuando Jake no consigue recuperarlo, intenta prepararlo otra vez, pero las musas ya no le hacen caso. Al final, con ayuda de Finn, BMO, Marceline y la princesa Bubblegum, Jake consigue ponerle las manos encima al bocadillo y, entre lágrimas (la clave de la victoria), disfrutarlo.

CROSSOVER

No dudamos de lo especial de este bocadillo, pero uno que también nos parece que es un contendiente para el título de «bocadillo más delicioso» (y es un poco más sencillo de preparar), es el bocadillo favorito de Fitz, que vemos mencionado varias veces en **Marvel's Agents of S.H.I.E.L.D.**, y que lleva *prosciutto*, mozzarella de búfala y un punto del alioli de pesto que hace Simmons (1x07).

ESCENAS ELIMINADAS

De entre las muchas comidas que salen en la serie, hay dos curiosas del mismo estilo: el sándwich perfecto de la princesa Bubblegum (4x02), mucho más sencillo en apariencia pero que requiere mucho esfuerzo (y equipamiento científico), y el *Everything burrito* (3x01), preparado también por Jake, que es aún más loco en cuanto a ingredientes (una espátula, un cartón de leche, una calabaza, tarta de chocolate…) y la cantidad de los mismos (más de 50).

Perrito caliente

Ingredientes

- 2 panes de perrito
- 2 salchichas
- 2 lonchas de bacon ahumado
- 2 lonchas de queso emmental
- 1 cebolla pequeña cortada en dados pequeños
- 2 pepinillos cortados en dados pequeños
- 1 cucharadita de sirope de arce
- Kétchup y mostaza

 Tiempo de preparación: **15 min** Webisodio ⋆**2 raciones**

Preparación:

▸ Ponemos a tostar el bacon en una sartén sin aceite. ▸ Cuando esté crujiente por los dos lados, añadimos el sirope de arce y lo caramelizamos durante unos 20 segundos por cada lado. ▸ Retiramos. ▸ Abrimos los panes y dentro de cada uno ponemos una loncha de queso cortada en tiras, los metemos en el horno a unos 200 ºC hasta que el queso se funda. ▸ Mientras tanto, ponemos a calentar a fuego alto una sartén con media cucharada de aceite, hacemos unos cortes diagonales en las salchichas y las doramos allí unos cinco min dándoles la vuelta. ▸ Para servir, podemos poner a un lado de la salchicha la cebolla y el pepinillo, y al otro, trozos de bacon que cortaremos con la mano. ▸ Añadimos kétchup y mostaza al gusto.

GREY'S ANATOMY

2x14 «Tell Me Sweet Little Lies»

Este no es el momento de más alta cocina de la serie, pero sí uno muy divertido, dentro de una historia con mucha tendencia al drama, y eso siempre se agradece. Una competición entre Karev, O'Malley y Yang, con Izzie al cronómetro (y Meredith hablando de lo suyo a la vez), en la que quien coma más perritos en un tiempo concreto, gana. La victoria es para Cristina, con 6 perritos y gran técnica. Pero los verdaderos ganadores sois vosotros, que no tendréis que comer un simple perrito consistente en pan y salchicha, sino una versión con más gracia y sabor.

CROSSOVER

El perrito caliente es una comida rápida extendida por todo el mundo y que en los EE.UU. se puede encontrar casi en cualquier sitio, como vimos en el 6x22 de *The Simpsons*, donde Homer puede comprar uno tanto en una sala de operaciones como en un cementerio (el vendedor le sigue, ya que Homer está pagando la educación de sus hijos). Puede vendértelo en la calle alguien como Criss Chros, el novio de Liz Lemon en la séptima temporada de *30 Rock*, o alguien puede intentar colártelo cubierto de chocolate, como Stan en su «curioso» restaurante en el episodio 7x04 de *American Dad!*.

CURIOSIDADES

Las competiciones de comer perritos calientes son un clásico en los EE.UU.; son consideradas como un deporte, con premios para el ganador más sustanciosos que el honor. Las series también han tenido episodios en los que estas aparecen, como el 4x35 de *Regular Show*, en el que Muscle Man compite con la Muerte; el 4x14 de *How I Met Your Mother*, donde se usa como excusa para disimular el embarazo de la actriz Alyson Hannigan; el 7x02 de *Bones*, donde el caso lleva a sospechar de un rival de la víctima en este «deporte»; o el comienzo del 9x13 de *Supernatural*, en el que un participante gana con trampas y «recibe su merecido».

PARA CENAS VIENDO LA TELEVISIÓN

Lobster roll

Ingredientes

- 1 pan de perrito caliente o vienés
- 1 bogavante de aprox. 500 g
- 1 cucharada de mantequilla
- 2 cucharadas de sal
- ½ taza de mayonesa
- 3 cucharadas de zumo de limón
- 2 cucharadas de perejil picado
- 1 chorrito de tabasco
- ½ tallo (y hojas) de apio picado
- Pimienta negra recién molida

Para el *cole slaw* (opcional)

- 1 taza de col morada rallada
- ½ cucharada de cebolla rallada
- ½ cucharada de vinagre
- ¼ taza de mayonesa
- ½ cucharada de azúcar
- Sal y pimienta blanca en polvo

 Tiempo de preparación: **35 min** Dramedia ⭐**2 raciones**

Preparación:

▸ Cocemos el bogavante (si lo hemos comprado fresco). ▸ En una cazuela, ponemos agua hasta ¾ de su capacidad y sal. ▸ Cuando hierva, metemos el bogavante y esperamos a que vuelva a hervir; cocemos 15 min y lo dejamos enfriar en un plato. ▸ Mientras, hacemos el *cole slaw*, para lo cual rallamos la col y la cebolla y mezclamos con los demás ingredientes. ▸ Reservamos en el frigorífico. ▸ Cuando el bogavante esté frío, partimos el cuerpo por la mitad y sacamos la carne. ▸ No hace falta ser demasiado meticuloso, pero hay que sacar todo lo posible, ya que no es un ingrediente barato. ▸ Lo que no vayamos a usar lo podemos guardar para hacer un caldo de marisco. ▸ Cortamos la carne en trozos medianos, para que se noten al comer, y mezclamos con los ingredientes restantes, excepto la mantequilla, que ponemos a derretir en una sartén. ▸ Guardamos la mezcla en el frigorífico y doramos el bollo en la mantequilla, sin tostar. ▸ Ponemos la mezcla de bogavante con cuidado dentro del pan y servimos el *cole slaw* como acompañamiento.

THE AFFAIR

1x01 «Episode 1»

Muchas cosas importantes ocurren a lo largo de la primera temporada en el restaurante donde trabaja Alison, The Lobster Roll. Para empezar, es ahí donde ella y Noah se ven por primera vez y, aunque cada uno recuerde el momento de forma ligeramente diferente y algunas cosas cambien según a quién le preguntes, lo que se mantiene es que cuando la familia Solloway se sienta a la mesa, alguien pide un *lobster roll*. ¿Y cómo no hacerlo en ese local? Disfruta del plato estrella de la zona sin temor: en los EE.UU. llaman «langosta» *(lobster)* casi siempre a lo que en España llamamos «bogavante», así que estarás siendo fiel a la receta original… y a tu pareja.

CROSSOVER

El bogavante puede comerse en bocadillo, pero lo más normal es disfrutarlo tal y como es. Eso hacen los personajes de *Seinfeld* en el episodio 5x20 con los bogavantes robados de Kramer (y que luego George mete en un revuelto para vengarse de alguien que no podía comerlos por no ser *kosher*). Incluso se pueden cocinar por accidente, como hace Homer con su mascota bogavante en el episodio 10x07 de *The Simpsons*. Al final, termina comiéndoselo entero él solo, aunque entre lágrimas.

CURIOSIDADES

Este bocadillo se originó en los EE.UU. en la década de los sesenta. El pionero fue el restaurante The Lobster Roll, cuyo local original es el que se ve en la serie. Se abrió en 1965 y está, efectivamente, en Montauk. Actualmente, siguen vendiendo su más clásico y característico plato, el cual sirven siempre con *cole slaw* (por 21,95 $) y, si quieres, con patatas fritas (por 24,95 $). También tienen una versión caliente, con el pan tostado y mantequilla por encima (24,95 $) y todo tipo de platos al estilo *diner* pero con un poco más de sabor de la costa, que para eso están cerca del mar.

La mejor hamburguesa de Nueva York

Ingredientes

- 2 panes de hamburguesa con sésamo
- Mantequilla
- 1 pepinillo grande
- ½ tomate
- ½ cebolla morada
- 4 lonchas de queso cheddar
- 2 hojas de lechuga romana
- Kétchup y mostaza al gusto

Para la carne

- 350 g de aguja de ternera recién picada
- 1 cucharada de cebolla en polvo
- 2 cucharaditas de mostaza Dijon
- 2 cucharaditas de salsa Perrins
- 1 cucharada de kétchup
- 2 cucharaditas de sal
- 1 cucharadita de pimienta

 Tiempo de preparación: **45 min** Drama ✭**2 personas**

Preparación:

▸ Un par de horas antes de cocinar, mezclamos todos los ingredientes de la carne (excepto sal y pimienta), con cuidado para que no se rompan las fibras, y formamos dos hamburguesas de aproximadamente 2,5 cm de grosor. ▸ Colocamos en papel film y guardamos en el frigorífico hasta 30 min antes de cocinarlas. ▸ En la serie, la carne está cocinada a la parrilla, pero si no tenemos esa posibilidad, podemos usar una plancha o sartén. ▸ Donde vayamos a cocinar la carne, tostamos la parte interior del pan con mantequilla hasta que esté dorado y reservamos para el momento de montar la hamburguesa. ▸ Salpimentamos las hamburguesas, las ponemos sin aceite a fuego fuerte y dejamos cocinar tapadas 4 min hasta que estén caramelizadas. ▸ Damos la vuelta y, en el último min, levantamos la tapa y ponemos las 2 lonchas de queso sobre cada una, tapamos y dejamos reposar en un plato. ▸ Mientras tanto, montamos: sobre la parte de abajo del pan ponemos 2 hojas de lechuga, encima la carne y, sobre ella, 2 rodajas de pepinillo, 2 rodajas de tomate y, según gustos, 1 o 2 rodajas de cebolla morada. ▸ Ponemos kétchup y mostaza en la mitad superior del pan y servimos acompañada de patatas fritas o aros de cebolla (página 22).

HOW I MET YOUR MOTHER 4x02 «The Best Burger in New York»

En este episodio, Marshall intenta encontrar el lugar donde comió una hamburguesa tan buena, que le permitió ver la ciudad a la que acababa de llegar con otros ojos y que hace que, la que prepara el nuevo cocinero de McLaren's, que a todos encanta, no le parezca gran cosa. La búsqueda de esta mítica hamburguesa, a través de la que el mismo Dios le habla, lleva a muchas decepciones y a entender que, quizás, la nostalgia hace que la comida sepa a veces mejor como recuerdo de lo que nunca podrá saber en la realidad.

CROSSOVER

Desde las clásicas hamburguesas del Burger Chef de *Mad Men* (en el maravilloso episodio 7x06), hasta las originales, en nombre e ingredientes, que se venden en *Bob's Burgers*, pasando por la insana y adictiva Ribwich de *The Simpsons* (14x12) o las «especiales» que venden los niños de *South Park* en el episodio 15x08, las hamburguesas aparecen por todos lados en las series americanas.

CURIOSIDADES

Cuando describe la hamburguesa, Marshall se deja la cebolla morada y el queso que después se ve claramente que tiene cuando la está comiendo en el *flashback*. Eso sí, la cebolla no estaría en la versión de esta hamburguesa del presentador Regis Philbin, que también está obsesionado con ella.

PARA CENAS VIENDO LA TELEVISIÓN

Doublemeat Medley

Ingredientes

- 3 panes de hamburguesa con sésamo
- 1 pepinillo grande
- 1 rodaja de tomate
- 2 hojas de lechuga
- 1 loncha gruesa de fiambre de pechuga de pollo
- Mostaza al gusto

Para la «carne»
- ¼ taza de alubias rojas cocidas
- ¼ taza de alubias negras cocidas
- ¼ taza de remolacha rallada y cocida
- ¼ taza de almendras
- ½ champiñón
- ½ cucharadita de ajo en polvo
- 1 cucharadita de salsa Perrins
- 2 cucharadas de kétchup
- Sal y pimienta

 Tiempo de preparación: **35 min** Dramedia ✳ 1 hamburguesa

Preparación:

▸ A pesar del nombre, si quitamos el pollo, esta es una receta de hamburguesa vegetariana deliciosa con mucho sabor y buena textura. Para preparar la «carne», escurrimos las alubias y la remolacha y las ponemos en el microondas unos 3 min a máxima potencia para que pierdan un poco de humedad. ▸ Después, las trituramos junto con el resto de ingredientes. ▸ Formamos la hamburguesa y la guardamos envuelta en papel film en la nevera mientras preparamos el resto de cosas. ▸ También podemos prepararla con unas horas de antelación. ▸ Para cocinarla, ponemos en una sartén a fuego medio con una cucharada de aceite, unos 4 min por cada lado, sin que se tueste demasiado y reservamos. ▸ Cocinamos el fiambre de pollo a fuego fuerte durante un min por cada lado y reservamos. ▸ Para montarla, ponemos sobre una base de pan un poco de lechuga, el fiambre de pollo y pepinillos. ▸ Luego ponemos otra base de pan, más lechuga, el tomate, la hamburguesa y por último, mostaza al gusto.

BUFFY THE VAMPIRE SLAYER

6x12 «Doublemeat Palace»

Durante la sexta temporada de esta serie, su protagonista no estaba en sus mejores momentos, ni anímica, ni económicamente. Esto último es lo que la lleva a probar varios trabajos, entre ellos, en una cadena de hamburgueserías, Doublemeat Palace. Durante este episodio, que subvierte expectativas y juega con los tópicos, descubrimos los ingredientes secretos de la hamburguesa estrella de la cadena que, supuestamente, lleva ternera y pollo. Pero en realidad, no lleva carne: se hace con verduras y grasa de ternera. Bueno, un poco más sana que en otras conocidas cadenas. Y no lleva gato, lo que siempre nos gusta.

CROSSOVER

En el episodio 1x11 de *Dexter*, el detective Batista está convaleciente en el hospital y un compañero de la policía le lleva una bolsa de comida rápida. Su exmujer entra en la habitación y descubre el contenido antes de que pueda esconderlo. Dos hamburguesas no son demasiado convenientes dada su situación, concretamente, dos *Doublemeat*, como en el episodio de *Buffy the Vampire Slayer*. Lo que confirma que son las mismas es que uno de los guionistas del episodio, Drew Z. Greenberg, trabajó anteriormente en la serie de la cazadora.

ESCENAS ELIMINADAS

La *Doublemeat Medley* no parece tener queso, suponemos que porque la serie ya había tenido suficientes lonchas de queso en el episodio 4x22, donde los protagonistas se encuentran atrapados en pesadillas en las que, de vez en cuando, aparece ofreciéndolas un señor muy siniestro.

Aros de cebolla

Ingredientes

- 1 cebolla grande
- 1 taza de leche
- 1 huevo
- 1 cucharadita de sal
- 1 cucharadita de polvo de hornear
- Harina
- *Panko* (o pan rallado)

 Tiempo de preparación: **25 min** Comedia ★**4 personas**

Preparación:

▸ Cortamos la cebolla en rodajas y las separamos en aros. ▸ En un bol, mezclamos la harina, la sal y el polvo de hornear y rebozamos los aros de cebolla. ▸ Los retiramos. ▸ A la mezcla de harina añadimos el huevo y la leche y mezclamos hasta que desaparezcan los grumos. ▸ Ponemos a calentar suficiente aceite para que cubra los aros de cebolla al freírlos en una sartén a fuego medio-alto. ▸ Pasamos los aros de cebolla por la mezcla del rebozado, luego por el *panko* (cubriéndolos bien) y freímos hasta que estén dorados, que será aproximadamente 1-2 min. ▸ Al sacarlos, los ponemos sobre papel absorbente y les echamos sal. ▸ Servimos inmediatamente.

THE SOPRANOS

6x21/7x09 «Made in America»

Dicen que esta serie cambió la televisión, cambió el mundo de las series y es responsable en gran parte de lo que conocemos hoy como HBO y lo que la gente espera de esta cadena. Sin duda, es uno de los dramas televisivos más aclamados de todos los tiempos y uno en el que la comida siempre está presente. En el último episodio de la serie, la familia va reuniéndose poco a poco en un local para cenar y, entre miradas de sospecha del espectador, que no deja de estar tenso durante toda la escena, con *Don't Stop Believin'* de fondo, nada mejor que disfrutar de los mejores aros de cebolla del estado, según nuestro mafioso favorito, Tony Soprano: los de Holsten's.

CROSSOVER

Hay que tener cuidado con los aros de cebolla por varias cosas. Primero, porque no son la comida más sana del mundo, aunque sean deliciosos. Eso es algo que, con los años, Liz Lemon aprendió, como vimos al comienzo del 6x15 de **30 Rock**. ¡Ahora come hasta la lechuga que viene debajo! Y segundo, porque como están muy buenos, es mejor no tocar los de los demás. Como hizo Penny en el 2x07 de **The Big Bang Theory**, aunque eso más bien fue porque Sheldon es un maniático de manual.

CURIOSIDADES

Además de para hacer los «simples» y deliciosos aros o ensalada, la cebolla también se puede usar para otras cosas chulas, como hacer «flores», una versión frita más artística con la que Spike y Andrew están obsesionados. De hecho, en el 7x19 de **Buffy the Vampire Slayer,** Spike nos cuenta cómo los hacen. Como añadido, decir que en España tradujeron *«onion blossom»* como «brotes de cebolla». Parece que no tenían ni idea de a qué se referían.

PARA CENAS VIENDO LA TELEVISIÓN

Tacos de pescado

Ingredientes

- 300 g de lomo de bacalao
- 4 tortillas de maíz
- 1 taza de harina
- 1 taza de agua con gas
- 1 cucharadita de sal
- 1 cucharadita de polvo de hornear
- ½ cucharadita de pimienta
- ⅓ taza de mayonesa (pág. 151)
- ⅔ taza de crema agria
- 1 cucharadita de ralladura de cáscara de lima
- Col morada

Para el pico de gallo:

- 2 tomates maduros
- 1 cebolleta
- El zumo de 1 lima
- Cilantro fresco
- Jalapeños al gusto

 Tiempo de preparación: **35 min** Comedia ★**4 personas**

Preparación:

▸ Empezamos preparando el pico de gallo. ▸ Mezclamos en un bol la cebolleta y el tomate en dados pequeños. ▸ Añadimos el zumo de lima, cilantro, jalapeños y sal. ▸ Reservamos. ▸ Preparamos la salsa mezclando la mayonesa, la crema agria y la ralladura de lima, salpimentamos y reservamos. ▸ Cortamos la col en juliana y el bacalao en dados de unos dos centímetros y los reservamos separados. ▸ En otro bol, hacemos la mezcla para rebozar el pescado con la harina, la cucharadita de sal, el polvo de hornear, pimienta y agua con gas hasta que quede sin grumos. ▸ Ponemos a calentar aceite a fuego medio-alto. ▸ Enharinamos los dados de pescado, quitamos el exceso, los bañamos bien en la mezcla anterior y los freímos hasta que estén dorados. ▸ Para el montaje de los tacos, ponemos la col como base, encima el pescado, luego la salsa y por último el pico de gallo. ▸ Si queréis conseguir unos tacos crujientes como los de la foto, encontraréis el truco en la página 151.

HOUSE M.D.

2x24 «No Reason»

En un gran episodio de la serie en el que la realidad está siempre en cuestión, House nos lleva a comer tacos delante de un restaurante mexicano, el Cactus Mexican Food, cuyo toldo anuncia sus tacos de pescado y que, además, está en Los Ángeles, donde esta especialidad mexicana es uno de los clásicos imprescindibles. Pero ¿no está el hospital donde transcurre la serie en New Jersey? La realidad (la serie casi siempre se filmaba en Los Ángeles) y la ficción (la serie transcurría en New Jersey) se confunden.

CROSSOVER

Los tacos, ya sean de pescado o de carne, son uno de los clásicos de la comida rápida en los EE.UU. y en muchas más series se ve reflejado: desde *You're the Worst* y sus tacos de cementerio (1x05); a los del 3x01 de *Girls*, donde Hannah prepara una fiesta en la que son la atracción principal; o las múltiples veces que aparecen en *Dexter*, que transcurría en Miami (un ejemplo, el 1x11); hasta los que se preparan en un *food truck*, como el que vemos en el 2x12 de *Parenthood*.

CURIOSIDADES

La modalidad de taco que lleva pescado es originaria, cómo no, de México, concretamente de la región de Baja California. La diferencia con la versión de la California de EE.UU. (donde se popularizó gracias a la cadena de comida rápida Rubio's Coastal Grill) suele ser que estos últimos llevan col como ingrediente.

Pizza

Ingredientes

- Masa para pizza estilo Nueva York (pág. 145)
- 1 tomate maduro
- 1 champiñón grande
- 4 filetes de anchoa
- 6 aceitunas negras sin hueso
- 50 g de mozzarella rallada
- 6 hojas de albahaca fresca
- Orégano

Para la salsa de la base

- 200 g de tomate fresco
- 1 cucharadita de orégano
- ½ cucharadita de azúcar
- ½ cucharadita de ajo en polvo
- ¼ cucharadita de sal
- 1 cucharada de albahaca fresca picada
- ½ cucharadita de semillas de hinojo molidas
- 1 cucharadita de tomate concentrado
- ½ cucharadita de aceite de oliva Pimienta negra recién molida

 Tiempo de preparación: **45 min** Drama ✳ **1 pizza mediana**

Preparación:

▸ Para preparar la salsa, trituramos los tomates y los ponemos en una cazuela con el resto de ingredientes. ▸ Dejamos reducir a fuego medio durante 20 min hasta que espese un poco. ▸ Precalentamos el horno a 250 ºC. ▸ Cortamos el tomate, los champiñones y las aceitunas en rodajas y lavamos y limpiamos las anchoas. ▸ Estiramos la masa con las manos sobre la bandeja que llevaremos al horno, dejando los bordes un poco más altos. ▸ Ponemos la salsa, extendiéndola con movimientos circulares con la base de una cuchara sin llegar a los bordes. ▸ Añadimos el queso, sin tapar toda la salsa, y ponemos el resto de ingredientes al gusto, un poco de orégano y horneamos durante 10-15 min. ▸ Cuando la saquemos del horno ponemos encima un poco de albahaca fresca y servimos.

THE X FILES

5x12 «Bad Blood»

Este episodio, en el que Mulder y Scully nos cuentan lo que ocurre desde sus respectivos puntos de vista, está en todas las listas de los mejores de la serie y es también uno de los más divertidos. En él, la pizza es la clave que ayuda a resolver el misterio. Para vuestra próxima cena, os proponemos una pizza estilo Nueva York con los ingredientes que pidió Scully a su habitación de motel con cama vibradora y que Mulder se comió cuando ella tuvo que volver a la morgue.

CROSSOVER

No hay nada mejor que la pizza para ver películas y series en buena compañía, como nos enseñaron las *Gilmore Girls* (1x14). Es una buena forma de vida, una religión. Tampoco hay que olvidar que no es un buen viernes si no pides dos pizzas a domicilio, como dice Joey en el 8x09 de *Friends*. Ahora, si estás en *Community*, pedir una pizza puede ser más complicado, porque decidir quién le abre la puerta al repartidor puede crear realidades alternativas (3x04).

CURIOSIDADES

En el episodio 4x11 de *CSI: Crime Scene Investigation*, el análisis de una última comida en la autopsia también ayuda a resolver el crimen. En este caso, no es pizza, sino chili, lo que encuentran en el cuerpo: el asesino había añadido mantequilla de cacahuete al plato porque la víctima era alérgica.

Empanadas de marisco

Ingredientes

- 1 taza de gambas peladas
- 1 taza de mejillones limpios
- 1 taza de anillas de calamar cortadas
- 2 tomates pera cortados en dados
- ½ cebolla picada fina
- Sal y pimienta
- 1 huevo batido

Para la masa

- 1 taza de harina de trigo
- ½ taza de agua
- 1 cucharada de aceite de oliva
- ¼ cucharadita de sal

 Tiempo de preparación: **55 min** Serie de HBO ⋆**2 personas**

Preparación:

▶ Empezamos con el relleno pochando la cebolla 5 min en una sartén con un poco de aceite. ▶ Echamos los calamares y dejamos cocinar mientras cortamos en trozos pequeños los mejillones. ▶ Los añadimos y dejamos 2 min para que se evapore el líquido. ▶ Añadimos las gambas y dejamos 2 min más. ▶ Incorporamos entonces el tomate, salpimentamos y cocinamos 5 min. ▶ Retiramos del fuego y precalentamos el horno a 200 °C. ▶ Para preparar la masa, ponemos en un bol los ingredientes y mezclamos con una cuchara de madera hasta que se incorporen bien. ▶ Luego, amasamos con la mano en una superficie enharinada hasta obtener una masa elástica. ▶ La estiramos con el rodillo hasta conseguir un rectángulo de unos 30 x 20 cm y, con la ayuda de una taza grande, cortamos los discos con los que haremos las empanadas. ▶ Ponemos un poco de relleno en el centro de cada círculo, untamos los bordes con huevo batido y doblamos por la mitad, sellando bien con la ayuda de un tenedor. ▶ Ponemos las empanadas sobre papel de hornear o una lámina de silicona, las pintamos con huevo batido y horneamos durante 20 min hasta que estén doradas. ▶ También pueden freírse en aceite, 2 min por cada lado.

ALIAS

4x18 «Mirage»

Sophia (que realmente es Elena Derevko, la tía de... es Alias, todo es muy complicado) invita a Nadia y Eric a cenar para conseguir información para robar Hydrosek. La cena tiene varios platos, pero el que más fascinado tiene a Weiss son las empanadas, aunque no está seguro de saber qué tienen, solo que son de marisco. Nos fiaremos de él en eso, pero como confunde azafrán y comino, mejor ignoraremos que cree que las empanadas tienen corazones de alcachofa dentro.

CROSSOVER

En el 1x10 de *Jane the Virgin*, vemos en un *flashback* que Jane no tenía demasiada fe en que su madre supiera cocinar unas para el *Heritage Day* en su colegio, así que le pide a su abuela que la enseñe a rezar. También aparecen en varios episodios de *Ugly Betty*, como el 2x09, donde aprendemos que es mejor no comerlas de madrugada o puede que acabes viendo fantasmas. Y en el 2x01 de *Modern Family*, Gloria ve como algo muy simbólico que su hijo rechace las suyas porque una chica dice que no come grasas trans.

CURIOSIDADES

Casi todas las masas que os enseñamos en el libro, y la de empanada no es una excepción, pueden guardarse en el frigorífico para usar 1 o 2 días después. Aunque, eso sí, al sacarlas, hay que dejarlas a temperatura ambiente antes de poder trabajar con ellas. Eso intentan decirle a Emily en el 5x15 de *Pretty Little Liars*, pero está enfadada porque Ezra ha contratado a una chef profesional para hacer la comida de la fiesta de inauguración de The Brew y no hace caso.

Kebabs

Ingredientes

- 450 g de pierna de cordero en trozos
- 1 cebolla cortada en trozos
- 1 pimiento verde cortado en trozos
- 10 tomates cherry enteros

Para el marinado

- 1 cucharadita de ajo picado
- 2 cucharaditas de jengibre picado
- 2 cucharadas de zumo de limón
- 1 cucharada de cebolla rallada
- ¼ taza de aceite de girasol
- ½ cucharadita de cúrcuma
- ½ cucharadita de semillas de cilantro molidas
- ½ cucharadita de comino molido
- ⅛ cucharadita de cayena molida

 Tiempo de preparación: **35 min** Dramedia ★**4 brochetas**

Preparación:

▸ Mezclamos en un bol todos los ingredientes del marinado. ▸ Ponemos la carne en una fuente y la cubrimos bien con la mezcla anterior. ▸ La dejamos en la nevera la noche anterior o, por lo menos, una hora antes de preparar los kebabs. ▸ Armamos las brochetas intercalando la carne con las verduras, echamos sal y las hacemos a la plancha, girándolas para que se hagan por todos los lados. ▸ En total, serán unos 20 min de cocinado. ▸ Se sirven calientes.

WILL AND GRACE

6x02 «Last Ex To Brooklyn»

Como en tantas otras series, las comidas con varios invitados suelen tener un alto nivel de incomodidad y resultados desastrosos. En este caso concreto, Grace y Leo (su pareja del momento) son los anfitriones de una cena a la que ella invita, cómo no, a Will, Jack y Karen; mientras que Leo invita a su exnovia, Diane (quien tuvo una curiosa relación con Will en el pasado). Su presencia provocará todo tipo de gritos y enfados sin mucha justificación. Ah, y también hay kebabs, servidos en brochetas, algo peligroso teniendo en cuenta el ambiente.

CROSSOVER

Todos los que hemos comido kebabs hemos caído en sus redes por su sabor, algo que también ha pasado a personajes de varias series, como Blair Waldorf, que en el 4x02 de *Gossip Girl* decía que los simples placeres del plato no tienen rival («ni siquiera el arte del Louvre les hace sombra»); Homer, que en el 19x14 de *The Simpsons* tenía un apasionado *affaire* con un *gyro* de *kebab* en un motel, saltándose su dieta; o Jemaine, que en el 1x01 de *Flight of the Conchords* lleva a una chica con la que quiere ligar a comer uno, la chica más guapa que ha visto con un *kebab*.

CURIOSIDADES

No en todos los sitios del mundo entendemos lo mismo cuando escuchamos la palabra «*kebab*» (que, encima, podéis encontrar escrita de más formas, como *kebap*, *kabob*…). Lo que está claro es que es, en origen, oriental, pero, mientras en los EE.UU., siempre se refiere al *shish kebab* (como el de la receta), en Europa suele ser la carne en rodajas dentro de un pan de pita (*doner kebab*). En Oriente lo único importante es que es carne cocinada al lado o encima de las llamas, que puede servirse en plato o bocadillo.

PARA CENAS VIENDO LA TELEVISIÓN

Low-Cal Calzone

Ingredientes

- 250 g de masa de pizza (pág. 145)
- Salsa de tomate
- Espinacas frescas
- Mozzarella rallada
- Champiñones frescos cortados
- Aceitunas negras sin hueso
- 1 huevo

 Tiempo de preparación: **35 min** Dramedia ⭐*2 calzones*

Preparación:

▸ Para estos calzones, podemos usar cualquier otra combinación de verduras, e incluso carne si sois más del estilo Ron Swanson. ▸ Una buena idea para la salsa es la receta de *marinara* (página 148). ▸ Empezamos precalentando el horno a 250 ºC. ▸ Separamos la masa en dos partes y les damos forma de bola. ▸ Estiramos cada una con las manos en una superficie enharinada hasta obtener un círculo de unos 20 cm de diámetro. ▸ Ponemos un poco de salsa y el resto de ingredientes del relleno en el centro de la masa, untamos con huevo batido los bordes y cerramos doblando por la mitad, consiguiendo forma de media luna. ▸ Apretamos bien los bordes con la yema de los dedos y pintamos la superficie con huevo batido para que queden dorados. ▸ Horneamos durante 20 min y servimos.

PARKS AND RECREATION

4x11 «The Comeback Kid»

En esta serie hay mucha gente que ama la comida, pero quizás nadie tiene un amor tan profundo e irracional por un plato como Ben por el *calzone*. Ni siquiera Ron Swanson por la carne. Ben se enamora del plato, y aprende a prepararlo, en una época en la que no tiene trabajo y está, como bien averigua Chris, deprimido. «¿Por qué no hay una opción de comida rápida italiana?», se pregunta. «¿Y la pizza?», contesta Chris. «¿Pizza? Nunca he oído hablar de ella». Eso cree Ben que dirá la gente en 20 años. Y aunque no compartimos su optimismo ciego y desmedido, desde luego el *calzone* es una gran alternativa a la pizza, ya sea en casa, o en un local como el futuro The Low-Cal Calzone Zone.

CROSSOVER

Otra serie con un episodio donde los *calzones* son bastante importantes es *Seinfeld*. En el episodio 7x20, George comparte su *calzone* de berenjena con su jefe, el dueño de los Yankees, y a este le gusta tanto, que termina obligándolo a llevarle uno todos los días para comer. Todo se tuerce cuando el restaurante que hace los *calzones* prohíbe la entrada a George en el local por creer que estaba robando dinero del tarro de las propinas. Otro personaje al que le gustan mucho es a Mindy, que los come enormes, a pesar del tamaño de sus muñecas (*The Mindy Project* 2x16).

CURIOSIDADES

Hay varios platos parecidos al *calzone* y a veces es demasiado sencillo confundirlos. Tenemos el *stromboli* (su nombre, por cierto, proviene de la película de 1950 protagonizada por Ingrid Bergman) que es muy similar pero la masa es más parecida a la de pan, no a la de pizza, y suele presentarse en formas rectangulares o enrolladas en vez de medias lunas. También está la *scacciata*, que se diferencia sobre todo por el contenido, que suele incluir cosas muy concretas, como patatas, brécol, espinacas y cebollas, y procede de Sicilia.

PARA QUEDARTE
VIENDO LOS EMMY

Cada año nos quejamos de lo largas que son las ceremonias de entrega de los Premios Emmy y prometemos no volver a trasnochar, pero en el fondo, caeremos otra vez en la tentación. Las tradiciones son las tradiciones, y los seriéfilos somos felices quejándonos; así que, ya que nos vamos a quedar despiertos, qué mejor que maridar nuestros enfados con muchas cositas para picar y con los platos preferidos de personajes que nos han enseñado los secretos de una dieta (des)equilibrada.

Fajitas

Ingredientes

- 500 g de falda de ternera
- 1 pimiento rojo
- 1 pimiento verde
- ½ cebolla
- 8 tortillas de maíz

Para el marinado

- ⅓ taza de salsa de soja
- ⅓ taza de zumo de lima
- ⅓ taza de aceite de oliva
- ⅛ taza de azúcar moreno
- 1 cucharadita de comino molido
- 1 cucharadita de pimienta
  negra molida
- ½ cucharada de ajo en polvo
- ½ cucharada de cayena molida

Tiempo de preparación: **25 min** ⋆Tiempo extra + **3 horas marinando**

Webisodio ⋆**4 personas**

Preparación:

▸ Mezclamos bien todos los ingredientes del marinado y lo separamos en dos partes. ▸ Con la primera cubrimos la ternera y con el resto las verduras cortadas en tiras de 1 cm. ▸ Dejamos los dos preparados en el frigorífico durante al menos 3 horas, dándoles la vuelta un par de veces para que se impregnen bien. ▸ Cuando vayamos a prepararlas, retiramos la carne y las verduras del marinado, quitando cualquier exceso. ▸ En una sartén a fuego alto hacemos la carne 1-2 min por cada lado y retiramos para que repose. ▸ En la misma sartén, salteamos las verduras unos 5-8 min. ▸ En este punto, cortamos la carne en tiras de 1 cm de grosor y en contra de las fibras. ▸ La incorporamos a las verduras y salteamos todo durante 1 min. ▸ Servimos inmediatamente en una fuente caliente. ▸ Las fajitas se sirven con tortillas calientes y acompañamientos como guacamole, crema agria y/o pico de gallo.

FRIENDS

10x02 «The One Where Ross is Fine»

Tras descubrir accidentalmente a Rachel y Joey besándose, Ross entra en un estado de shock. Eso sí, por más que le preguntan si le pasa algo, él siempre dice que está bien (de ahí el título del episodio). Para demostrar que está en armonía con lo que ocurre a su alrededor, decide organizar una cena en su casa con Charlie, su actual pareja, Rachel y Joey, e insiste en que no será una situación incómoda, pues lo único incómodo sería que a alguien no le gustara la comida mexicana, ya que va a hacer fajitas. A partir de ahí, todo es una locura, incluyendo a un Ross, borracho a más no poder, sacando una sartén caliente con las manos desnudas. Sí, eso le dolerá al día siguiente.

CROSSOVER

En el episodio 1x06 de *Fresh Off the Boat*, Eddie se ve obligado a trabajar en el restaurante de su padre, Cattleman's Ranch, para poder comprarse el videojuego *Shaq Fu*. Termina trabajando como «chico de las fajitas», llevando las sartenes calientes a las mesas con un estupendo bigote postizo. Menos ochenteras, y más auténticas seguro, son las que está preparando Tuco Salamanca a su abuelita cuando le encontramos en el 1x02 de *Better Call Saul*. Un tipo peligroso pero que siempre cuida de su familia.

CURIOSIDADES

Una de las cosas que aprendimos haciendo este libro es que las fajitas no son, como teníamos en la mente, «una especie de burrito». La confusión principalmente pudo venir por el nombre, que no tiene nada que ver con la forma en que comemos el plato, sino con el corte de carne, la falda de ternera, que en México se conoce como faja. El plato se come con tortillas envolviendo ingredientes, sí, pero el medio en el que llega a nuestra mesa suele ser en el mismo lugar en que se cocinó, una sartén o similar, y aún muy caliente. Después, cada uno forma sus propios burritos, tacos, etc.

PARA QUEDARTE VIENDO LOS EMMY

Nachos y guacamole

Ingredientes

Para el guacamole
- 1 aguacate mediano
- ½ cebolla rallada
- ½ tomate rallado (sin semillas)
- El zumo de 1 lima
- Sal y pimienta

Para hacer nachos caseros (32)
- 1 taza de harina de maíz
- 1 taza de agua
- Una pizca de sal

 Tiempo de preparación: **35 min** Dramedia ★**4 personas**

Preparación:

▶ Para preparar los nachos, mezclamos en un bol la harina con el agua y la sal y amasamos con la mano hasta integrarlo todo. Dejamos reposar 10 min. ▶ Separamos la masa en 8 partes y les damos forma de bola. ▶ Ponemos una a una entre dos capas de papel film o una bolsa de plástico y aplastamos con un objeto plano hasta formar un círculo. ▶ Después pasamos el rodillo hasta que quede muy fino (si ahora las doramos unos segundos por cada lado en una sartén sin aceite, tendremos tortillas para tacos y burritos). ▶ Cortamos los círculos en 4 partes, sacando 4 triángulos y los ponemos en una lámina de silicona o papel de hornear, dejando un poco de espacio entre cada uno. ▶ Hacemos lo mismo con el resto de la masa y horneamos a 200 ºC unos 6 min por cada lado. ▶ Cuando se enfríen, estarán más crujientes. ▶ Para el guacamole, pelamos los aguacates y los ponemos en un bol, añadimos el zumo de media lima, la cebolla y el tomate rallados (escurriendo el líquido) y aplastamos con un tenedor. ▶ Salpimentamos y, si hace falta, añadimos más lima. ▶ Si queremos una textura más fina, podemos usar la batidora. ▶ Para servir los nachos, podemos echar un poco de mozzarella rallada por encima y fundirla con el grill, añadir unos jalapeños cortados y pico de gallo.

BREAKING BAD

5x11 «Confessions»

En *Breaking Bad* ya tuvieron una cena bastante incómoda en el episodio 5x06, con Jesse quedándose con los White (y disfrutando mucho de las alubias verdes con almendras y limón), pero en la que nos ocupa, la cosa es tan tensa e incómoda que nadie llega a probar bocado. En el restaurante mexicano (Garduño's), les ofrecen guacamole preparado en la misma mesa y no se nos ocurre mejor forma de comerlo que con los nachos correspondientes, para disfrutarlos de forma, esperamos, mucho más relajada que ellos.

CROSSOVER
Los nachos son un gran plato para picar, aunque pueden ser un poco peligrosos para comer si manchar es algo que nos preocupa mucho, un miedo con el que juegan para sacar a Jane de su «trance» en el 2x19 de *Happy Endings*. Eso sí, con guacamole siempre son mejores, cómo no. Este famoso *dip* tiene a algunos personajes tan locos, que lo desayunan, como descubrimos que hace Wynn Duffy en el 6x08 de *Justified*, y a otros los lleva por el camino de la amargura, como a Michael Scott, que prepara demasiado para fiestas a las que termina no yendo nadie y tiene que comérselo él solo (*The Office* 5x07).

CURIOSIDADES
En Garduño's puedes disfrutar de sus nachos por 8,95 $, aunque no vienen con guacamole, que le puedes añadir por 99 centavos (eso sí, vienen con lechuga y tomate, una combinación que no nos atrae demasiado así de primeras). El guacamole preparado en tu propia mesa y a tu gusto, lo venden por 9,95 $ y te lo sirven con tortillas. Está bien que lo preparen a tu gusto porque nosotros, por lo menos, le quitaríamos el ajo a su receta.

Palitos de mozzarella

Ingredientes

- 1 bloque de mozzarella de 250 g
- ¼ taza de harina
- 1 huevo
- 1 taza de pan rallado
- ¼ cucharadita de albahaca seca
- ¼ cucharadita de orégano seco
- ½ cucharadita de cebolla en polvo
- ½ cucharadita de ajo en polvo
- ½ cucharadita de pimienta negra molida
- ½ cucharadita de sal
- Aceite para freír

 Tiempo de preparación: **25 min** Comedia ★**6/8 unidades**

Preparación:

▸ Cortamos el queso longitudinalmente en rectángulos de 1 cm de grosor. ▸ Preparamos el rebozado estilo italiano mezclando en un plato el pan rallado con las especias y la sal. ▸ En otro plato, ponemos la harina y en uno hondo el huevo batido. ▸ Pasamos cada palito de queso primero por harina, luego por huevo, luego por pan rallado y repetimos el proceso con el huevo y el pan rallado, obteniendo así un doble rebozado que va a prevenir que se salga el queso. ▸ Metemos los palitos en el congelador 10 min. ▸ Ponemos a calentar el aceite en una cazuela alta para que cubra el queso al freírlo. ▸ Freímos pocos palitos cada vez para poderlos controlar fácilmente, ya que no necesitarán mucho más de 2 min. ▸ Los sacamos cuando estén dorados y los ponemos sobre papel absorbente. ▸ Tradicionalmente, se acompañan con salsa *marinara* (página 148) pero también podemos usar algún tipo de salsa dulce o mermelada.

30 ROCK

1x08 «The Break-Up»

Dennis, una de las constantes (no muy positivas) de Liz Lemon, salió por primera vez de su vida en la primera temporada, dejando a la protagonista de la serie algo confusa sobre cómo seguir con su vida amorosa. Afortunadamente para ella, su amiga Jenna estaba ahí para ayudarla en el proceso. Pero, desafortunadamente para Jenna, Liz nunca ha sido muy normal ni ha entendido especialmente las convenciones sociales. De lo contrario, habría sabido que el hombre del bar quería ligar con ella y, probablemente, no se habría preguntado si la invitaría a unos palitos de mozzarella.

CROSSOVER

Los palitos pueden ser simplemente comida... o pueden servir como sustitutos de aviones en la recreación de un incidente. Bueno, por lo menos eso hace Spencer al comienzo del 4x02 de *Pretty Little Liars*. Incluso, se pueden usar para describir a una mujer, como hace Jared en el 3x03 de *Franklin & Bash* (aunque no nos parece muy correcto). Aunque también pueden ser algo normal, como en *ER*, donde resultan ser la comida preferida de Greg Pratt (15x01), nada de cosas raras.

ESCENAS ELIMINADAS

El amor verdadero de Liz Lemon siempre ha estado ahí: la comida. Puede comer sándwiches tan buenos que superan cualquier otra urgencia (2x14) y excitarse ante la idea de una casa que huele siempre a hamburguesería y rollos de canela (4x06). Es capaz de preguntar en una tienda a qué hora van a empezar a tirar los dónuts pasados (3x08). Tiene tradición de atiborrarse de queso tirada en el sofá por la noche (3x18) y devora sin piedad su snack preferido: Sabor de Soledad (2x15). De Liz se pueden decir muchas cosas, pero no que no ama la comida en todas sus formas, por curiosas que sean.

PARA QUEDARTE VIENDO LOS EMMY

Palomitas con sal de vino tinto

Ingredientes

- ½ taza de maíz en grano
- 1 cucharada de aceite
- 1 cucharada de sal fina
- 1 cucharada de vino tinto

 Tiempo de preparación: **15 min** Webisodio

Preparación:

▸ Para hacer la sal al vino solo hace falta ponerla esparcida sobre un plato y añadir poco a poco vino tinto, la cantidad suficiente para que todos los granos de sal se impregnen del color y aroma. ▸ Podemos dejarla secar a temperatura ambiente o hacerlo en el microondas a temperatura máxima, 30 segundos cada vez. ▸ Si queremos obtener un aroma más intenso podemos añadir más vino y repetir el proceso. ▸ Esta sal puede conservarse sin problema en un tarro una vez esté seca, así que podemos preparar más cantidad (y usar sal gruesa o en escamas) siguiendo el mismo proceso. ▸ Para preparar las palomitas, ponemos el aceite en una cazuela alta a fuego medio-alto, añadimos los granos de maíz y los movemos para que todos queden impregnados con aceite esparciéndolos bien para que todos toquen el fondo de la cazuela. ▸ Tapamos y esperamos a que empiecen a estallar.
▸ Cuando el ritmo de estallidos baje y pasen dos segundos entre ellos, retiramos del fuego. ▸ Esperamos un poco antes de levantar la tapa y lo hacemos con mucho cuidado para evitar quemarnos con el vapor. ▸ Servimos aderezadas con la sal.

SCANDAL

4x15 «The Testimony of Diego Muñoz»

Snacks y alcohol, dos elementos básicos de la pirámide alimenticia. Es mejor no vivir prácticamente a base de eso, como Olivia Pope, cuyas cenas consisten en un bol de palomitas y una buena botella de vino. Sin duda, parte de la identidad del personaje. El momento de este episodio, en que volvemos a verla con esas dos cosas en la mesa (con un añadido no comestible), después de todo lo que ha pasado en la temporada, es un signo de que vuelve, poco a poco, a ser quien era.

CROSSOVER

Las palomitas, normalmente, no constituyen la cena pero pueden valer para ver una película, como hace la pandilla de **Buffy the Vampire Slayer** en el 4x22; incluso, para cosas más «atrevidas», como ponerlas como *topping* de nuestro helado, algo que le gusta hacer a Donna, de **Beverly Hills, 90210** (10x27).

ESCENAS ELIMINADAS

Como es su comida preferida, hay más momentos en la serie que nos lo recuerdan: desde las escenas con Cyrus (2x05 y 2x17) a gente dejando claro que no tiene mucho más de comer o beber en casa (3x12); o, incluso, la revelación del origen del amor de Olivia por las palomitas que, cómo no, tiene que ver con su madre, que ya se las daba cuando era pequeña porque no le gustaban los dulces (3x08).

Galletas de chocolate y mantequilla de cacahuete

Ingredientes

- 1 taza de harina
- ½ cucharadita de polvo de hornear
- ½ taza de mantequilla a temperatura ambiente
- ½ taza de mantequilla de cacahuete
- ½ taza de azúcar blanco
- ½ taza de azúcar moreno
- ½ cucharadita de extracto de vainilla
- 1 taza de *chips* de chocolate
- 1 huevo

 Tiempo de preparación: **35 min** Dramedia ★18/24 galletas

Preparación:

▸ Esta es una receta de galletas de pasta blanda. ▸ La cantidad y tamaño variará de acuerdo con nuestras preferencias. ▸ Precalentamos el horno a 185 °C. En un bol, mezclamos bien la harina y el polvo de hornear. ▸ En otro, batimos la mantequilla con el azúcar, la mantequilla de cacahuete y el extracto de vainilla hasta conseguir una textura cremosa. ▸ Añadimos el huevo y cuando esté bien incorporado, echamos poco a poco la harina. ▸ Por último, añadimos los *chips* de chocolate. ▸ Para hornearlas, ponemos porciones de masa en una lámina de silicona, dejando espacio entre cada una para que puedan expandirse sin pegarse unas a otras. ▸ Horneamos durante 8-10 min. ▸ Al sacarlas, aún estarán un poco blandas en el centro, así que las dejamos enfriar 4 min antes de retirarlas de la bandeja y continuar con el resto de la masa.

VERONICA MARS

3x13 «Postgame Mortem»

En este episodio, Veronica intenta descubrir si Josh Barry es inocente del asesinato del entrenador del equipo de baloncesto, al que justo acaba de volver Wallace. Cuando lo visita en la cárcel, el sospechoso le pide que le lleve algo para leer y, si puede ser, unas galletas de mantequilla de cacahuete (una sierra tampoco estaría mal). Ella misma prepara las galletas (para sorpresa de su padre). Como además de cocinar, es una mujer de recursos, el libro de *El Conde de Montecristo* que le lleva a Josh tiene un regalo muy sabroso en su interior, aparte de la prosa de Dumas.

CROSSOVER

Las galletas pueden dejar recuerdos para siempre. Eso le pasaba a Phoebe con las galletas de su abuela, quien a su vez consiguió la receta de la suya, «*Nestley Toulouse*» (*Friends* 7x21). Aunque luego descubrimos que realmente eran de «*Nestlé Tollhouse*». También hay galletas con asociaciones menos positivas, como las que estuvieron a punto de convertir a Susan en una asesina (*Desperate Housewives* 7x21), o las siniestras galletas que Carol ofrece a un niño en el 5x13 de *The Walking Dead*.

CURIOSIDADES

Este clásico dulce es bastante sencillo de preparar, tanto que incluso Joey fue capaz de hacer unas galletas estupendas en una clase de cocina (*Friends* 8x21). Aun así, es un clásico de los EE.UU. la venta de masa de galleta directamente preparada y lista para hornear. Igual de clásico es que la gente se coma este preparado, sin cocinarlo, para lo cual es comercializado sin incluir huevo crudo. El placer de la masa de galleta cruda fue uno de los que descubrió Angel cuando se volvió humano durante poco tiempo, junto a otros muchos que no existían antes de convertirse en vampiro en la Irlanda de principios del siglo XVIII (*Angel* 1x08).

Yogur helado

Ingredientes

- 500 g de yogur griego natural
- ½ cucharadita de extracto de vainilla
- ½ taza de azúcar caster (de grano fino)

 Tiempo de preparación: 15 min Webisodio ⋆Tiempo extra + **4 horas congelador**

Preparación:

▶ Mezclamos bien todos los ingredientes y lo metemos al congelador durante 2 horas aproximadamente. ▶ Pasado ese tiempo, lo sacamos y lo batimos hasta conseguir una textura cremosa. ▶ Volvemos a congelar, repitiendo el proceso si la textura aún no es lo suficientemente suave. ▶ Tal como sale es delicioso, pero si queremos, podemos añadir fruta fresca cortada, sirope de chocolate, dulce de leche o frutos secos para acompañar.

SEINFELD

5X07 «The Non-Fat Yogurt»

En este episodio, el yogur helado (en inglés, *frozen yogur*, *frogurt* o *Fro-Yo*) es una parte esencial de la trama. Kramer ha invertido en un negocio que vende yogur helado sin grasa y a todos los demás les cuesta creer que, estando tan bueno, sea posible que encima sea sano. Por supuesto, tendrán que llegar hasta el final del asunto y descubrir si es cierto que la grasa es tan importante en el sabor. Nosotros os lo decimos por adelantado: nuestra receta tiene grasa y está muy buena.

CROSSOVER

Una de las más famosas apariciones del yogur helado ocurre en el primer segmento del 4x05 de *The Simpsons*, cuando Homer va a comprar un regalo para Bart en una tienda de ocultismo que le regala *frogurt* con la compra. El muñeco que compra está maldito. También el yogur. Aunque puede elegir el *topping* que quiera… eso sí, tendrá benzoato de potasio, algo que Homer no está seguro de si es bueno o malo (es malo). Todo lo contrario, una bendición, es la existencia del yogur helado en *Community*, ya que en el 4x12 descubrimos que un local que lo vende es lo que une a todos los protagonistas de la serie.

CURIOSIDADES

Se dice que el yogur helado nace a principios de los 80, tuvo su auge durante los 90 (la época en que se emitió el episodio de *Seinfeld* que nos ocupa) y a finales de la década acabó por pasar de moda. A mediados de los 2000, el producto tuvo un resurgimiento, seguro que causado en parte por ser nombrado en el episodio 6x18 de *Sex and the City*, que siempre fue una serie que marcaba tendencias.

Pop-Tarts

Ingredientes
- Masa quebrada (pág. 146)
- 1 huevo
- Mermelada de fruta

 Tiempo de preparación: **45 min** Drama de cable ✶Tiempo extra + **3' nevera** ✶**4 unidades**

Preparación:

▸ Estiramos la masa con un rodillo sobre una superficie enharinada y cortamos en 8 rectángulos de 6 x 10 cm.
▸ Ponemos la mitad de los rectángulos sobre papel film, pintamos los bordes con huevo batido y añadimos 1 ½ cucharada de mermelada. ▸ Tapamos cada rectángulo con las mitades reservadas, presionamos con los dedos para cerrar y sellamos con un tenedor. ▸ Con un palillo, hacemos 6-8 agujeros en la superficie y dejamos en el frigorífico durante media hora (si queremos, podemos congelar en este punto para hacerlos unos días después).
▸ Precalentamos el horno a 180 ºC. ▸ Los pintamos con huevo batido y horneamos durante 25-30 min, dando la vuelta a la mitad del tiempo para que se doren por ambos lados. ▸ Al sacarlos, podemos añadir azúcar glas o un glaseado. ▸ Se sirven calientes o a temperatura ambiente. ▸ Para comerlos al día siguiente como si estuvieran recién hechos, los metemos 1 min en la tostadora.

GILMORE GIRLS

7x03 «Lorelai's First Cotillion»

El amor de Lorelai por este popular dulce ya lo habíamos observado varias veces, pero es en este episodio de la última temporada de la serie en el que adquiere más importancia, simbólica y literal. Por no decir que probablemente sea el fragmento de televisión en el que más veces se haya oído *Pop-Tart*, contando los anuncios del producto. El sabor de la libertad, la posibilidad de elegir, el reflexionar sobre por qué tomamos algunas decisiones… Parece solo un trozo de masa relleno de algo, pero a las Gilmore las ayuda a pensar sobre temas más profundos. Y no sabrá si le gustan o no al final, pero en casa parece que no ha quedado ninguno. Por algo será.

CROSSOVER
Nacido en los 60, este producto fue tan revolucionario, que hizo creer a Ed Baxter que meterlo en una tostadora era cocinar (*Mad Men* 8x01). Es uno de los productos favoritos en los EE.UU., tanto que Peter y Quagmire escribieron una canción sobre lo buenos que están con mantequilla (*Family Guy* 12x07) e hicieron que Leonard quisiera compararse con uno de fresa en medio de una conversación mucho más importante (*The Big Bang Theory* 7x23). Ahora, hay muchos sabores y no son del gusto de todos, como expresa Stan Marsh sobre los de cereza: antes morir de hambre que comer uno (*South Park* 11x07).

ESCENAS ELIMINADAS
Como decíamos, no es el episodio que hemos elegido el único momento en el que los *Pop-Tarts* aparecen en la serie de las Gilmore. Otros ejemplos, el 1x13, en el que Lorelai tiene claro que para que Rory haga amigas, lo mejor es sacarles una buena bandeja para que compartan; o el 1x10, que tiene una emocionante escena entre Lorelai y su padre con *Pop-Tarts* de por medio. Lorelai dice que sus favoritos son los de manzana y esto es algo más importante de lo que podría parecer.

PARA QUEDARTE VIENDO LOS EMMY

Galletas de la fortuna

Ingredientes

- 3 claras de huevo
- ¾ taza de azúcar
- ½ taza de mantequilla derretida y fría
- ¼ cucharadita de extracto de vainilla
- ¼ cucharadita de extracto de almendras
- 1 taza de harina

 Tiempo de preparación: **35 min** Dramedia ✳ **10/15 galletas dependiendo del tamaño**

Preparación:

▶ Precalentamos el horno a 190 ºC. ▶ En un bol batimos las claras de huevo con el azúcar hasta obtener una mezcla brillante que suba de volumen, sin que llegue a punto de nieve. ▶ Añadimos los ingredientes restantes, de uno en uno, mezclando bien después de cada vez. ▶ Sacamos la rejilla del horno y ponemos sobre ella una lámina de silicona. ▶ Dejamos caer una cucharada de la mezcla y, con la base de la cuchara, hacemos movimientos circulares sobre la masa hasta que tenga unos 4 cm de diámetro. ▶ Haremos solo una o dos galletas cada vez porque hay que doblarlas mientras están calientes. ▶ Horneamos durante 5 min o hasta que el borde de las galletas esté ligeramente dorado. ▶ Sacamos con una espátula y ponemos el lado de la galleta que estaba hacia arriba sobre una tabla de madera. ▶ Rápidamente, ponemos el papel con el mensaje en el centro, doblamos por la mitad, sellamos y tiramos de las puntas hacia abajo para darles su forma característica. ▶ Las dejamos enfriar dentro de una huevera o moldes de muffins para que mantengan la forma.

THE TWILIGHT ZONE (1985)   1x35 «The Misfortune Cookie»

Un crítico culinario al que le gusta hacer reseñas negativas de los restaurantes (incluso sin haber comido en ellos), alguien que podemos imaginar que ha existido en realidad, es el protagonista de este episodio. Cuando va a un restaurante chino en el que los mensajes de las galletas de la fortuna se hacen realidad, todo termina siendo, como debe ser en esta serie, inquietante. En la foto veréis que no hemos puesto los mensajes que salen en el capítulo, más que nada, porque no son muy alentadores y no animan demasiado a cocinar

CROSSOVER

Aunque el señor Holmes diga que puede adivinar el mensaje de las galletas de la fortuna (*Sherlock*, 1x01), la verdad es que nunca se sabe cuál va a ser o si tendrá algún significado. Desde luego, para Abby y Gibbs, la galleta que la primera le da al otro cuando se conocen tiene uno muy bonito (*NCIS: Naval Criminal Investigative Service*, 10x13); y, cómo no, para los personajes de *Regular Show* en el episodio 3x13, terminan siendo más exageradamente transcendentales de lo que deberían.

CURIOSIDADES

Contrario a lo que solemos creer la mayoría, se está bastante seguro de que estas galletas no tienen nada que ver con China: parece que fueron inventadas en Japón en el siglo XIX. La receta que utilizan suele prescindir de la vainilla y la mantequilla en favor de sésamo y miso, lo que deja una masa mucho más oscura que la que estamos acostumbrados a ver y que os presentamos en la receta. El producto, sin embargo, ha terminado siendo algo tan típico en los Estados Unidos, que en los 90 se intentó introducir en China y fue rechazado por ser «demasiado americano». Qué cosas.

PARA ANTES DE UN DRAMÓN

Puede que no a todos les pase, pero si tenéis este libro en vuestras manos, es muy probable que os gusten mucho las series y que entre ellas haya una que, queráis o no, os toque la fibra, os tense en el asiento y os haga sufrir. ¿Habéis comido algo pesado y/o mucha cantidad antes de ver uno de esos capítulos? Consejo: no lo hagáis. Si uno ha de comer antes de sentarse a ver esa serie que sabe que le va a poner de los nervios, evitemos dolores innecesarios y comamos algo ligero y de rápida digestión. ¡Nuestro cuerpo lo agradecerá!

Ensalada caprese

Ingredientes

- 1 tomate grande de ensalada o 100 g de tomates cherry
- Mozzarella fresca de búfala
- Hojas de albahaca fresca
- Aceite oliva virgen extra
- Sal en escamas

 Tiempo de preparación: **5 min** Webisodio ⭑**2 raciones**

Preparación:

▸ Este es seguramente el plato más sencillo de todo el libro, con pocos ingredientes que no necesitan ningún tipo de paso previo y cuyo éxito radica en la calidad de la materia prima. ▸ En teoría, los colores del tomate, el queso y la albahaca representan los de la bandera italiana, pero nosotros nos hemos tomado una licencia estilística usando tomates cherry de diferentes colores. ▸ A diferencia de otras ensaladas, que pueden ser acompañamiento de un plato principal, en Italia, la *caprese* es un *antipasto*, es decir, un entrante. ▸ Para servirlo, solo hace falta cortar el tomate en rodajas y alternarlo con rodajas de queso y unas hojas de albahaca. ▸ Para finalizar, rociamos con aceite de oliva virgen extra y unas escamas de sal. ▸ Algunas variaciones incluyen vinagre de Módena, orégano y/o un poco de pimienta recién molida.

GOSSIP GIRL

2x01 «Summer, King of Wonderful»

Antes de volver al instituto, la gente de esta serie no se queda en casa o simplemente va a la playa, va a los Hamptons y tiene comidas al aire libre en las que todo el mundo se viste muy *casual*, pero elegante, y, cómo no, con todo tipo de tensiones y celos. Eso sí, todo ello con comida ligera, sana y con nombre, una ensalada *caprese* en este caso, cortesía de la abuela de Chuck. Todo muy veraniego antes de volver a la ciudad y a las fiestas con código de vestimenta rígido y bastante más alcohol.

CROSSOVER

Que quede claro, no es ilegal poner ensalada *caprese* en ningún lado, algo que nos enseñó Michael sin querer mientras intentaba inculpar a Toby de algo con ayuda de Dwigth (*The Office* 5x09). Incluso podrían venderla en una tienda de dónuts, pero claramente no es lo normal. Tampoco pedirla en una como hace Buck Dewey en el 2x06 *Steven Universe*. Lo más normal es encontrarla en la mesa o en un picnic-cita como el que tiene Wendell en el 10x09 de *Bones*.

CURIOSIDADES

El *brunch* es un concepto popularizado en los EE.UU. a partir de los años 30 que se ha ido colando en todo el mundo. Aunque en *Sex and the City* hay muchas ocasiones en las que las protagonistas se reúnen para el *brunch*, esa especie de desayuno exagerado y festivo que es básicamente un sustituto de la comida, es en *Gossip Girl* donde lo vemos desde el principio (1x02) y en muchos episodios, en su vertiente más elegante y desproporcionada. Tartas, crepes, cruasanes, fruta, rollos de canela, salmón ahumado, gofres, tortillas, zumos, champán... Las posibilidades son casi ilimitadas, sobre todo cuando tienes demasiado dinero.

PARA ANTES DE UN DRAMÓN

Frittata de colmenillas

Ingredientes

- 6 huevos grandes
- 250 g de colmenillas
- 1 taza de parmesano rallado
- 12 espárragos trigueros finos
- 1 cucharada de mantequilla
- Sal y pimienta

 Tiempo de preparación: **25 min** Comedia ★**6-8 personas**

Preparación:

▸ Precalentamos el horno a 220 ºC. ▸ En una sartén antiadherente (que pueda ir al horno) a fuego alto, derretimos la mantequilla y añadimos las colmenillas. ▸ Salpimentamos. ▸ Cocinamos durante 2-3 min, o hasta que empiecen a ablandarse. ▸ Añadimos los espárragos cortados en trozos y cocemos unos min más. ▸ Apagamos el fuego, añadimos los huevos, el queso, sal y pimienta, revolvemos bien y dejamos que empiece a cuajar un poco por la parte de abajo con el calor residual, aproximadamente 1-2 min. ▸ Metemos al horno durante 15 min, lo apagamos y la dejamos dentro unos 5 min más. ▸ Si queremos, también podemos poner por encima unos trozos de mozzarella fresca antes de meter al horno. ▸ Se puede comer recién hecha, templada o fría.

FRINGE

Pasar la noche en casa de Peter no parecía que pudiera tener nada malo, pero al levantarse a las 6:30 de la mañana, Olivia descubre que los martes son el día en el que Walter cocina desnudo. Como dice Peter, es algo no siempre recomendable y, además, potencialmente peligroso. Por lo menos, sabemos que Olivia tendrá un buen desayuno porque Walter enseguida se dispone a preparar otra *frittata* ahora que sabe que tienen invitados en casa. Además, es de *morchellas* (o colmenillas) con sombreros enormes que Walter ha comprado en el mercado. Seguro que están deliciosas, independientemente del atuendo del cocinero.

CROSSOVER

Parece que la *frittata* es algo que siempre aparece cuando algún personaje de una serie está interesado, o se interesa mucho en cierto momento, por la cocina. Desde House (*House M.D.* 6x02) a Randy (*South Park* 14x14), pasando por Tommy (*3rd Rock From the Sun* 3x27). Pero lo cierto es que, aunque hay a quien gusta mucho (como se dice de Lou al final del 11x03 de *The Simpsons*), puede que no todo el mundo sepa lo que es exactamente, como Sharon comenta en el 1x02 de *Catastrophe*. Eso sí, «esa cosa de huevos», le gustó muchísimo.

ESCENAS ELIMINADAS

Walter Bishop es un gran personaje lleno de detalles peculiares debido a su personalidad y estado mental. Una de las cosas que le caracterizan son sus antojos de comida y bebida un poco aleatorios o en momentos inoportunos. Desde la tarta de café (1x14), o la leche de Gene (1x01), la vaca interesada en *SpongeBob SquarePants*; pasando por bebidas como *ginger ale* (1x01) o *root beer* (1x04) y su obsesión con el regaliz rojo (2x01). Además, debemos agradecerle que demostrara científicamente en 1973 que el desayuno es la comida más importante del día (3x14).

Steak tartar

Ingredientes

- 280 g de solomillo de ternera
- 3 filetes de anchoa
- 2 cucharaditas de alcaparras
- 3 cucharaditas de mostaza Dijon
- 2 yemas de huevo
- ½ cebolla morada
- 2 cucharadas de perejil picado
- 4 cucharaditas de aceite de oliva
- 3 gotas de tabasco
- 4 gotas de salsa Perrins

 Tiempo de preparación: **15 min** Webisodio ★**4 personas**

Preparación:

▶ Lavamos bien las anchoas y las mezclamos, aplastándolas con un tenedor, en un bol con las alcaparras y la mostaza. ▶ Añadimos las yemas de huevo y lo mezclamos todo bien. Reservamos en frío. ▶ Cortamos finamente la cebolla y reservamos. ▶ Para cortar el solomillo, lo hacemos en contra de la dirección de las fibras, primero en tiras y luego en dados de medio centímetro aproximadamente o un poco más grandes si se prefiere. ▶ Incorporamos el aliño que teníamos en la nevera, añadimos el resto de ingredientes y mezclamos bien. ▶ Para servir, podemos usar un aro de emplatar o ponerlo de forma desenfadada sobre una tabla. ▶ Servimos inmediatamente acompañado de tostas finas o pan tostado.

MR. BEAN

1x02 «The Return of Mr. Bean»

La escena es clara y rápidamente nos damos cuenta de dónde va a salir la idea del segmento: Mr. Bean está en un elegante restaurante, pide *steak tartar* y, o bien no sabía lo que era o, en ese restaurante no lo preparan especialmente bien. El caso es que se pasa todo el tiempo tratando de esconder la comida para que crean que se la ha comido. Lo hace para quedar bien y, por lo menos, nosotros pasamos un rato divertido, especialmente cuando la aventura termina como lo hace y no podía ser de otro modo.

CROSSOVER

El tartar de ternera se puede usar de formas imaginativas combinado con otros platos del libro, como Bob en el episodio 1x10 de *Bob's Burguer*, donde prepara versiones mini de The Meatsiah, con tartar dentro de una hamburguesa muy hecha y dentro de un *beef* Wellington: la hamburguesa más complicada de preparar conocida por el ser humano. Tartar se puede hacer de más cosas, como lombrices, que lo que no nos atrae mucho, no como a Neelix en el episodio 1x11 de *Star Trek: Voyager*. Seguro que es mejor idea que hacerlo de pollo, como descubrimos en el 7x11 de *King of the Hill* que había hecho Peggy en una ocasión (con tóxicas consecuencias).

CURIOSIDADES

Aunque la verdad es que hoy en día no es lo primero que nos vendría a la mente, el origen del nombre de este plato viene de «*à la tartare*», que quiere decir que se servía con salsa tártara. A principios del siglo xx fue cuando se empezó a hacer el plato en su versión moderna, cómo no, en Francia, donde se conocía la forma de servir la carne como «à l'américaine», a la americana, vamos.

PARA ANTES DE UN DRAMÓN

Noodle soup

Ingredientes

- 1 litro de caldo de pollo
- 180 g de pechuga de pollo
- 1 cucharadita de jengibre fresco rallado
- 1 diente de ajo picado
- 100 g de fideos de arroz
- 2 cucharadas de granos de maíz dulce
- 2 champiñones en rodajas
- 2 cebolletas (incluido el tallo)
- 2 cucharaditas de salsa de soja
- Menta, albahaca y chile fresco (opcional)

 Tiempo de preparación: **35 min** Dramedia ⋆**2 raciones**

Preparación:

▸ En una cazuela, ponemos el caldo, el jengibre, el ajo y la pechuga de pollo. ▸ Cuando empiece a hervir, bajamos el fuego, tapamos parcialmente y dejamos cocinar durante 20 min, hasta que el pollo esté tierno. ▸ Sacamos el pollo, lo cortamos en trozos pequeños y volvemos a ponerlo en la cazuela junto con los fideos, el maíz, la parte blanca de la cebolleta picada, los champiñones y la salsa de soja. ▸ Cocemos durante 4 min, hasta que los fideos estén en su punto. ▸ Servimos en un bol y ponemos por encima rodajas finas del tallo de la cebolleta y, si queremos, un poco de chile fresco, albahaca y menta.

BATTLESTAR GALACTICA

En esta serie en la que toda la población del mundo vaga por el espacio huyendo, parece lógico que la comida tenga un carácter global, sea sencilla de preparar, sabrosa y reconfortante. Y ahí entra nuestro plato. En el primer episodio, el almirante Adama está afeitándose mientras discute nuevas estrategias con Saul, cuando este se pone a comer una sopa de fideos que había en la mesa. Al parecer, a Adama le gusta desayunar este plato (y es un poco quisquilloso si alguien toca su comida) pero, esta vez, no terminará su bol. Nosotros no lo aconsejamos como desayuno, pero cada uno tiene sus horarios.

CROSSOVER

Hablábamos de comida reconfortante y es que, en los EE.UU., este tipo de sopa es uno de los clásicos de alimentación para cuando uno está enfermo, como vemos en el 4x05 de *Friends*, donde Phoebe le lleva sopa a Monica que está enferma (aunque la suya no tiene pollo). También lo hace Ben en el 3x02 de *Parks and Recreation*, cuando visita a Leslie en el hospital, pero ella lo ignora, porque también ha llevado gofres. Una comida simple (aunque se le puedan añadir dumplings, como vemos en el 7x18 de *One Tree Hill*) y que nos hace sentir bien, a no ser que, como Joey en el 5x18 de *Friends*, no seamos capaces de decir su nombre.

ESCENAS ELIMINADAS

Como buen hijo de su padre, Lee Adama también tiene afición al plato y, cuando se encuentra en el puesto de mando, en el 2x19, lo vemos comerla mientras repasa estrategias. Pero le interrumpe Starbuck, que entra a despedirse antes de embarcar en una peligrosa misión de rescate en Caprica. Hablando de Starbuck, ella tiene la oportunidad de «disfrutar» de una buena comida en el 3x01, cuando uno de los «Número dos» le sirve carne, puré de patatas, *gravy*, espinacas y zanahorias en la mesa. Obviamente, eso no puede acabar muy bien.

Pad Thai

Ingredientes

- ½ paquete de tallarines de arroz
- 8 gambas crudas y peladas
- ⅓ taza de tofu cortado en dados
- 2 cucharadas de pasta de tamarindo
- ½ lima
- 2 cucharadas de cacahuetes pelados
- 3 dientes de ajo picados
- 4 cucharadas de salsa de pescado
- 1 huevo
- 1 cebolleta picada
- 2 cucharadas de aceite vegetal
- ¼ taza de cebollino picado
- ½ cucharadita de cayena molida

 Tiempo de preparación: **35 min** Dramedia ★**2 raciones**

Preparación:

▸ Ponemos en remojo los tallarines, siguiendo las instrucciones del fabricante, pero los sacamos antes del tiempo que nos indiquen: deben estar flexibles, pero no hechos del todo porque los terminaremos con el resto de ingredientes. ▸ Ponemos el wok con el aceite a fuego fuerte y echamos la cebolleta con el tofu. ▸ Revolvemos hasta que empiecen a dorarse, echamos el ajo, damos un par de vueltas y añadimos los fideos, sin dejar de remover para que no se peguen. ▸ Echamos la pasta de tamarindo, el azúcar y la salsa de pescado, mezclamos bien. ▸ Hacemos espacio en el wok apartando todo hacia un lado y echamos el huevo, removemos hasta que empiece a cuajar y lo mezclamos con el resto de ingredientes. ▸ Añadimos las gambas y revolvemos todo. ▸ Echamos la cayena molida, el cebollino (dejamos un poco para poner al final) y cocinamos un par de min. ▸ Para servir, ponemos por encima los cacahuetes, el resto del cebollino picado y un cuarto de lima en cada plato para poder añadirla al gusto.

GIRLS

2x04 «It's a Shame About Ray»

En el episodio tenemos dos reuniones bastante incómodas alrededor de una mesa. En una, Jessa conoce a los padres de Thomas John. En la otra, Hannah prepara la cena en su casa para celebrar la publicación de uno de sus artículos. Sobre la mesa, *pad thai*. Comiendo, Charlie, Marnie, Audrey, Ray y Shoshanna. Con las tensiones entre los primeros y la presencia de la nueva pareja de Charlie, todo se vuelve muy incómodo. Se habrían evitado problemas si alguien se hubiera marchado, pero Hannah pidió, cuchillo en mano, que no lo hicieran (creemos que se quedan por miedo).

CROSSOVER

Un ingrediente clásico del *pad thai* son los cacahuetes, al que mucha gente es alérgica. Por ejemplo, Howard, de ***The Big Bang Theory***, que cuando va a comerlo, pregunta si los tienes en cualquiera de sus formas (1x02). Como dicen en el 2x02 de ***Portlandia***, es un plato con el que hay que tener cuidado si tienes alergias porque es la «tormenta perfecta»: marisco, cacahuetes… Aun así, hay mucha gente a la que le encanta. El mismo Sheldon en el 2x06 de ***The Big Bang Theory*** termina con un empacho del plato. Y Michael, que en el 1x02 de ***The Office*** dice que le gusta, aunque en el 5x23 descubrimos que en realidad no lo ha probado nunca.

CURIOSIDADES

Curiosamente, como deja claro Sheldon en el 1x02 de ***The Big Bang Theory***, en Tailandia no acostumbran a usar palillos para comer. De hecho, a pesar de nuestras ideas preconcebidas, la forma habitual de comer en todo el Sudeste Asiático desde el siglo XIX es con un tenedor y una cuchara (tampoco usan cuchillo), poniendo la comida con ayuda del tenedor en la cuchara, que es lo que después se llevan a la boca. Ahora, lo reconocemos, a nosotros nos gusta usar los palillos en este tipo de platos, aunque no sea lo más «auténtico».

PARA ANTES DE UN DRAMÓN

Salteado de pollo y verduras
sobre triángulos de polenta a las hierbas

Ingredientes

- 1 taza de caldo de pollo
- 1 cebolla en juliana
- 1 pimiento rojo en trozos
- 1 pimiento verde en trozos
- 1 zanahoria en juliana
- 2 cucharadas de harina
- 1 pechuga de pollo
- 2 cucharadas de crema de vinagre balsámico
- 4 hojas de albahaca fresca
- 1 taza de polenta
- Hierbas frescas: tomillo, romero y estragón
- Aceite de oliva
- Sal y pimienta

 Tiempo de preparación: **25 min** Comedia ✳**2 personas**

Preparación:

▸ Hacemos la polenta siguiendo las instrucciones del fabricante y añadimos las hierbas frescas. ▸ Extendemos sobre una superficie plana formando un rectángulo de medio centímetro de grosor y dejamos enfriar. ▸ Salteamos las verduras a fuego medio-alto con un poco de aceite durante 4 min, sazonamos con sal y pimienta y reservamos. ▸ Cortamos la pechuga en trozos medianos, los pasamos por harina y retiramos el exceso. ▸ Calentamos aceite en una sartén a fuego medio-alto, añadimos el pollo, removemos con el vinagre y freímos unos 5 min. ▸ Salpimentamos. ▸ Echamos las verduras a la sartén y cocinamos removiendo bien unos 4 min más. ▸ Mientras, cortamos la polenta en triángulos y los doramos en una sartén con un poco de mantequilla para que cojan un poco de color. ▸ Añadimos la albahaca fresca, removemos y servimos sobre los triángulos de polenta.

SIX FEET UNDER

5x03 «Hold My Hand»

Después de ser atacada por un paciente, Brenda es invitada a cenar en casa de una compañera. Estando allí, con esa familia que se lleva tan bien y cena unida (incluso el hijo ha cocinado el pollo), decide que eso es algo que necesita en su vida. En una escena anterior del episodio, vemos que Nate llega a casa y ya ha cenado y ella está comiendo algo con no muy buena pinta frente al ordenador, así que entendemos que, a través de la comida, Brenda quiere hacer de su familia una «de verdad». Incluso cocina el plato ella misma y, como al contrario que otros personajes como Ruth, esto no es muy habitual, hay que destacar sus esfuerzos.

CROSSOVER
Aunque la polenta es algo bastante sencillo de preparar, es como si tuviera el poder de hacer las comidas más especiales. Por ejemplo, en su primera cena como pareja comprometida, Leonard cocina para Penny y una de las cosas que hace parece, es polenta, probablemente muy parecida a la de esta receta. No es que ellos lo digan, pero nos fiamos de Amy, que interrumpe la velada y no pilla las indirectas de que quieren estar solos (*The Big Bang Theory* 7x24).

CURIOSIDADES
La polenta es originaria de Europa; se prepara hirviendo un derivado de la harina de maíz hasta que se convierte en una pasta densa. Si os parece que es similar al *porridge*, muy típico del Reino Unido, es porque podríamos decir que la polenta es un tipo de *porridge*, que agrupa platos parecidos, pero no se limita al maíz como cereal. Otra clase de *porridge* que os puede sonar, incluso de este libro, son las *grits*, que son la versión de los nativos americanos de la polenta. En España también hay algo parecido, las gachas (en este caso el cereal es la avena), incluso una versión andaluza cuyo nombre parece cercano a «polenta», poleá.

Pastelitos de cangrejo

Ingredientes

- ½ taza de mayonesa
- I huevo batido
- I cucharada de mostaza de Dijon
- I cucharada de salsa Perrins
- ½ cucharadita de *sriracha*
- 450 g de carne de cangrejo (fresca o en conserva)
- 140 g de pan rallado, *panko* o galletas *crackers*
- ¼ taza de aceite de girasol
- Cuartos de limón para servir

 Tiempo de preparación: **25 min** Comedia ★Tiempo extra + **I hora nevera** ★**6 raciones**

Preparación:

▶ Combinamos en un bol la mayonesa, el huevo, la mostaza y las salsas hasta obtener una pasta suave. ▶ En otro bol mezclamos la carne de cangrejo con *crackers* molidas, pan rallado o *panko* e incorporamos con cuidado la mezcla anterior. ▶ Cubrimos y dejamos en la nevera al menos I hora (se puede preparar el día anterior). ▶ Dividimos en 8 partes y con la mano le damos forma de hamburguesas pequeñas de unos 3 centímetros de grosor. ▶ Freímos en aceite a fuego medio-alto, aproximadamente 3 min por cada lado hasta que estén dorados. ▶ Servimos calientes con el limón para que cada persona se lo eche al gusto.

THE WIRE

4x10 «Misgivings»

Mientras está de vigilancia en un coche con su pareja, Omar Little, el ladrón de narcotraficantes, saborea estos pastelitos de cangrejo y le ofrece un bocado a su compañero, poniendo mucho énfasis en que son de Faidley's. Este establecimiento debe hacer los mejores de todo Baltimore, porque en el episodio 1x10, McNulty se los lleva a unos compañeros de policía a modo de soborno y decir dónde los compró le da puntos extra.

CROSSOVER

Los pastelitos de cangrejo son muy versátiles. Te pueden valer para celebraciones de cumpleaños, como en el 7x14 de *Friends*; para alimentar a un «rehén», como hacen Jules y Bobby en el 5x11 de *Cougar Town*; para fiestas elegantes, como la del 4x04 de *Desperate Housewives*; o puede ser tu última comida (involuntaria), como la que tuvo Thomas Buckley en el comienzo del 1x01 de *Justified*.

ESCENAS ELIMINADAS

The Wire es una serie tejida con pequeños detalles; a través de la comida, se nos muestran a personas de diferentes condiciones como iguales. Lo vemos en el 4x11 y 4x13, con McNulty y Bodie compartiendo lugar para comer un bocadillo; en el hecho de que tanto McNulty y Bunk (2x02) como Bubs (5x10) disfrutan por igual de los cangrejos; o cuando vemos a Avon Barksdale y Wey Bey comiendo KFC en la cárcel. A veces los restaurantes se usan para señalar las diferencias entre clases y el choque en formas de actuar, como en el 1x05, cuando D'Angelo lleva a su novia a cenar, o cuando Colvin invita a tres estudiantes a cenar en un lugar elegante en el 4x09.

PARA ANTES DE UN DRAMÓN

Pollo tikka masala

Ingredientes

- 1 pechuga de pollo
- 1 cebolla en trozos
- 1 pimiento rojo en trozos
- 1 taza de tomates (en lata) en trozos
- 2 cucharadas de concentrado de tomate
- 2 cucharadas de nata
- 2 cucharadas de yogur natural
- 1 cucharada de aceite vegetal
- 1 cucharada de mantequilla

Para la pasta tikka masala
- 5 dientes de ajo
- 1 chile rojo sin semillas
- 1 trozo de 3 cm de jengibre
- 2 cucharaditas de comino
- 2 cucharaditas de cilantro
- 1 cucharadita de cúrcuma
- 1 cucharadita de pimentón
- Las semillas de 4 vainas de cardamomo
- ½ cucharadita de canela molida
- ½ cucharadita de semillas de hinojo
- 1 cucharadita de pimienta negra
- ¼ cucharadita de clavo en polvo

 Tiempo de preparación: **45 min** Drama ⋆**2 personas**

Preparación:

▸ Para hacer la pasta, tostamos todas las especias en una sartén sin aceite durante 30 segundos y las molemos junto con el jengibre en un mortero. ▸ Añadimos una cucharada de aceite o de agua para formar la pasta y reservamos. ▸ Calentamos el aceite y la mantequilla en una sartén y cocemos allí la cebolla con una pizca de sal durante 15 min. ▸ Añadimos el pimiento, 2 cucharadas de la pasta *tikka masala* y rehogamos durante 5 min. ▸ Incorporamos el pollo cortado en trozos pequeños, removemos bien y cocemos 2 min. ▸ Añadimos el tomate en trozos y el concentrado de tomate, tapamos y dejamos cocer 15 min removiendo ocasionalmente. ▸ Transcurrido este tiempo, añadimos la nata y el yogur, removemos durante 1 min y apagamos el fuego. ▸ Para servir, podemos añadir unas hojas de cilantro fresco por encima y acompañar con arroz basmati.

LIE TO ME

2x17 «Bullet Bump»

Mientras The Lightman Group investiga un caso en medio de una campaña electoral, Cal tiene un encuentro en su casa con Clara. Cuando llega, él está cenando pollo *tikka masala*. Clara se sorprende de que también sepa cocinar, pero es que Cal es un hombre de mundo y, como tal, no solo cocina, sino que lo hace tirando de platos internacionales y, por lo que parece en la escena, muy picantes. Al final, no sabemos si le haría falta más cerveza a Clara o no para pasar el plato, porque la cena queda interrumpida súbitamente cuando el picante pasa a otro territorio.

CROSSOVER

La comida india es una de las más internacionales. En varias series vemos a personajes comiéndola, ya sea con despliegues exagerados como los del 4x03 de *Louie* o el 4x15 de *The Good Wife*; un poco más comedidos como la comida de Noah, Claire y Gretchen en el 4x02 de *Heroes*; o invitados por extraños, como Shawn y Gus en el 4x06 de *Psych*. Eso sí, si hacéis como los últimos, puede que os toque una versión de pollo con lava fundida y no os siente muy bien como, irónicamente, le pasa a Raj, que es indio (*The Big Bang Theory* 3x02). A nosotros nos gusta mucho, pero el picante lo rebajamos uno o dos niveles.

CURIOSIDADES

El pollo *tikka masala* a veces se conoce simplemente como «pollo masala». Esto puede crear confusiones graciosas con un plato completamente diferente, el pollo al Marsala que aparece en el episodio 4x05 de *The Sopranos*, que es un plato italiano en el que se acompaña el pollo con champiñones y una reducción de Marsala, un vino siciliano.

PARA ANTES DE UN DRAMÓN

Rollitos vietnamitas

Ingredientes

- 150 g de solomillo de cerdo
- 16 gambas cocidas y peladas
- 1 bloque de fideos de arroz
- 8 láminas de papel de arroz
- 16 hojas de menta fresca
- 16 hojas de cilantro fresco
- 16 ramitas de cebollino fresco
- 1 zanahoria en juliana
- Brotes de soja naturales
- Canónigos cortados

Para la salsa
- 1 cucharada de azúcar
- 2 cucharadas de zumo de lima
- 1 cucharada de salsa de pescado
- ½ diente de ajo picado fino
- Chile fresco al gusto (opcional)

 Tiempo de preparación: **65 min** Drama HBO ✳**8 raciones**

Preparación:

▶ Para la salsa, mezclamos todos los ingredientes y reservamos. ▶ Ponemos el trozo de cerdo en una cazuela con agua y sal hasta que esté cocido, unos 15-25 min. ▶ Dejamos enfriar y cortamos en lonchas muy finas. ▶ Cocemos los fideos siguiendo las instrucciones del fabricante y reservamos. ▶ Cortamos las gambas por la mitad a lo largo y retiramos el intestino. ▶ Disponemos todos los ingredientes que irán en el relleno sobre una tabla. ▶ Para ablandar las láminas de arroz, leeremos las indicaciones del fabricante, pero generalmente, con ponerlas una a una en un bol grande de agua caliente con sal durante pocos segundos será suficiente. ▶ Se hacen transparentes y muy maleables. ▶ Para armar los rollitos, preparamos una lámina cada vez y la ponemos sobre una tabla. ▶ En el segundo cuarto de la lámina, dejando unos 2 cm a cada lado para luego cerrarlo, ponemos a lo largo una base fina de canónigos, un puñado de fideos, un poco de zanahoria, brotes de soja, menta y cilantro cortados con la mano y unas lonchas de cerdo. En el tercer cuarto ponemos 4 mitades de gamba y 2 ramitas de cebollino cruzadas encima. ▶ Para cerrar los rollitos, plegamos sobre los ingredientes los bordes de papel de arroz que habíamos dejado y empezamos a enrollar desde el primer cuarto apretando bien. ▶ Servir inmediatamente acompañados de la salsa para mojarlos y unos cortes de lima fresca al gusto.

TRUE DETECTIVE

1x03 «The Locked Room»

Cuando eres detective, no puedes estar todo el día investigando, de vez en cuando hay que hacer una pausa para comer algo rápido. En este caso, Hart y Cole lo hacen y, aunque se detienen a comer en la cafetería vietnamita Bánh mì Tuyêt Vòi, no dejan de hablar del caso del que están a cargo, casi ni se sientan, ni siquiera se aprovechan de estar en un local que anuncia sus bánh mì como lo más importante (en el cartel pone que es el mejor y que es magnífico…), es solo una parada técnica y una comida ligera antes de seguir su arduo y largo camino.

CURIOSIDADES
El *bánh mì* que está en el nombre de local en el que se detienen los protagonistas se refiere a un tipo de bocadillo muy famoso. Literalmente, es el término que se usa en Vietnam para referirse a todo tipo de panes, pero ha llegado a ser sinónimo de un famoso plato surgido de la ocupación francesa del país oriental y que mezcla ambas culturas usando cosas como *baguette*, mayonesa, cilantro, pepino, rábanos… El más clásico se suele hacer con carne de cerdo. Por cierto, el local que se ve en el episodio no era realmente una cafetería vietnamita, sino una tienda de helados que modificaron acorde con otros locales de la zona.

ESCENAS ELIMINADAS
Esta no es una serie en la que tengamos demasiados momentos culinarios, aunque en el 1x02, Rust va a cenar con Martin y su familia y disfrutan de una de las comidas que más habitualmente se ve en las mesas de las series: un plato de pasta, espaguetis con brócoli en este caso. Además, en este mismo episodio, Maggie menciona estar preparando *étouffée*, un clásico plato de la comida *cajun* y criolla del sur de EE.UU., que consiste básicamente en un estofado de cangrejo u otro marisco servido con arroz.

PARA ANTES DE UN DRAMÓN

Bisque de cangrejo

Ingredientes

- 250 g de carne de cangrejo picada
- ½ zanahoria troceada
- 1 tallo de apio troceado
- 2 tomates troceados (sin semillas)
- 2 dientes de ajo picados
- 1 taza de nata
- Zumo de medio limón
- ½ cucharada de cebollino
- 3 chalotas picadas
- 1 rama de estragón fresco
- 2 cucharadas de coñac
- 1 taza de vino blanco
- 1 cucharada de tomate concentrado
- 5 tazas de caldo de pescado
- 1 hoja de laurel
- 1 pizca de tomillo seco
- Sal y pimienta

 Tiempo de preparación: **45 min** Drama ⚞**2 personas**

Preparación:

▶ Rehogamos durante 10 min en una cazuela la zanahoria, el apio, ajo, chalotas, estragón y el tomate. ▶ Echamos el coñac y flambeamos. ▶ Añadimos el vino blanco, el concentrado de tomate, el caldo y 100 g de la carne de cangrejo (podéis comprarla en lata o usar carne de buey de mar). ▶ Salpimentamos y echamos las especias y la hoja de laurel. ▶ Cuando empiece a hervir, bajamos a fuego medio y cocemos 15 min. ▶ Aparte, en una sartén, reducimos la nata a la mitad y la echamos a la cazuela. ▶ Trituramos, colamos y mantenemos caliente. ▶ Añadimos 100 g de la carne de cangrejo y el zumo de limón. ▶ Servimos en plato hondo con la carne de cangrejo restante y cebollino picado por encima.

SEINFELD

7x06 «The Soup»

Kramer no para de alabar un local donde ponen una sopa exquisita. Jerry también la ha probado y quiere llevar a George y Elaine. Lo único que tienen que saber antes de ir es que el dueño es un poco particular con el método de pedir: entrar hacia la derecha, pedir tu sopa dinero en mano, desplazarte a la izquierda, pagar y llevarte la sopa; sin comentarios. Y, si haces algo que no le gusta al dueño, te quedas sin sopa. Las sopas tienen variedad, como vemos a lo largo del episodio: bisque de cangrejo, de pavo y chili, *mulligatawny* (una sopa india), de champiñones, de pepino, *chowder* de maíz y cangrejo… Nosotros nos quedamos con la favorita de Jerry, la *bisque* de cangrejo.

CROSSOVER

Nosotros no creemos que una *bisque* sea exactamente una sopa, que es como la tratan en los EE.UU.. Hay varias sopas repartidas por las series: de la sopa de cebolla que se le antoja a Walter en el 1x06 de *Fringe* a la peligrosa sopa de lentejas de Angela en el 3x08 de *Heroes*, pasando por la sopa de guisantes que Homer pone a parir en el 11x03 de *The Simpsons*; o la bullabesa de Monica en el 8x21 de *Friends*; o la sopa de nido de golondrina que tan poco recomienda Jim a Brandon en el 7x24 de *Beverly Hills, 90210*. Mucha variedad y, siempre, con cuchara, a no ser que estéis intentando dejar claro que no sois tontos, como el conserje de *Scrubs* en el 2x04.

CURIOSIDADES

El «*Soup Nazi*» que tan famoso hizo este episodio de la serie, está basado en una persona real, Ali Yeganeh, que llevaba el local Soup Kitchen International. Los guionistas de la serie habían ido a comer allí varias veces y el carácter del dueño les inspiró. Después de la emisión del episodio volvieron: el dueño estaba muy enfadado con Seinfeld y le dijo que le había arruinado (curiosamente, la cola era mayor que nunca). Se dice que Seinfeld se disculpó de forma sarcástica y él respondió con la mítica frase de su versión ficticia «*No soup for you!*» (¡Para ti no hay sopa!).

Quiche

Ingredientes

- 1 lámina de masa quebrada (pág. 146)
- 200 g de panceta curada
- 50 g de queso gruyer
- 1 taza de nata de montar
- 1 taza de *crème frâiche*
- 3 huevos
- 1 pizca de nuez moscada rallada

 Tiempo de preparación: **55 min** Drama HBO ★**2 personas**

Preparación:

▸ Precalentamos el horno a 180 ºC. ▸ Ponemos la masa en un molde de tarta, la pinchamos con un tenedor y la metemos al horno cubierta con papel de aluminio y un puñado de garbanzos secos encima (para evitar que se hinche) durante 15 min. ▸ Después, quitamos el papel y los garbanzos y dejamos 5 min más. ▸ Reservamos. ▸ Cortamos la panceta en trocitos y la hacemos en una sartén sin aceite por ambos lados durante 2 min. ▸ Retiramos la grasa y cocinamos hasta que coja color, pero sin tostarse. ▸ Retiramos sobre papel absorbente. ▸ Cortamos ¾ partes del queso en dados, rallamos el resto y reservamos. ▸ En un bol, mezclamos la nata, con los huevos, la *crème fraîche*, una pizca de sal y la nuez moscada. ▸ Sobre la base de la quiche ponemos los dados de queso y la panceta, añadimos con cuidado la mezcla de nata y huevos y echamos el queso rallado por encima. ▸ Horneamos durante 25 min. ▸ Está igualmente deliciosa recién hecha, templada o fría.

SAVED BY THE BELL

1x09 «Pinned to the mat»

Probablemente penséis que esta es la última serie en la que aparecería este plato, pero en este episodio, Zack se ve en un lío cuando, después de apostar a que Slater va a ganar una pelea de lucha libre, este se va del equipo tras encontrar lo que parece ser su verdadera vocación: la cocina. Y lo hace después de preparar en clase una quiche para chuparse los dedos. Después de eso, si Zack no logra convencerle, será Screech el que pelee en el combate y no tiene mucha pinta de poder ganar a nadie en algo físico.

CROSSOVER

Una quiche puede tener mucha variación en sus ingredientes y si queréis algo menos clásico, la que prepara Red en el episodio 3x12 de *Orange is the New Black*, con sus limitados recursos, es un ejemplo que suena muy elegante: quiche de maíz y puerro con salvia frita. Hay que tener cuidado al prepararla, sobre todo si lleváis uñas postizas, porque os puede pasar lo mismo que a Monica en el 4x03 de *Friends*. Ah, e incluso se pueden preparar en tamaño mini, como tapa, como las del 1x19 de *Supernatural* o el 6x01 de *Modern Family*.

CURIOSIDADES

La más famosa versión de la quiche es la llamada *«quiche lorraine»*, que tiene su nombre por una región francesa. Originalmente, la receta no tenía queso, solo una *migaine* (una salsa con base de huevos batidos y lácteos) y alguna proteína derivada de la panceta (bacon, *lardon*…).

PARA ANTES DE UN DRAMÓN

Mee krob de pollo
con salsa de cacahuete

Ingredientes

- 170 g de fideos de arroz
- 2 huevos batidos
- 4 dientes de ajo picados
- 2 chalotas picadas
- 100 g de pechuga de pollo
- 100 g de gambas peladas
- ¼ taza de leche de coco
- 1 cucharada de salsa de pescado
- 1 cucharada de azúcar moreno
- 1 cucharada de pasta de curry rojo
- ½ cucharadita de sal
- Abundante aceite para freír

Para la salsa de cacahuete

- ½ lata de leche de coco
- 1 cucharada de pasta de curry rojo
- ⅜ de mantequilla de cacahuete
- ¼ cucharada de sal
- ⅜ taza de azúcar
- 2 cucharadas de vinagre de sidra
- ¼ taza de agua

 Tiempo de preparación: **35 min** Dramedia ✶**2 raciones**

Preparación:

▸ Marinamos el pollo con la leche de coco, la salsa de pescado, el azúcar, la pasta de curry y la sal. ▸ Dejamos en el frigorífico. ▸ Para la salsa de cacahuete, ponemos todos los ingredientes en una cazuela a fuego medio y los llevamos a ebullición, removiendo constantemente. ▸ Bajamos el fuego y cocemos 2 min más, comprobando que no se pegue. ▸ Retiramos del fuego y reservamos. ▸ Dividimos los fideos en 2 partes y llenamos un wok de aceite hasta la mitad. ▸ Cuando esté caliente, echamos los fideos y los freímos unos segundos, hasta que se inflen. ▸ Retiramos sobre papel absorbente. ▸ Dejamos 3 cucharadas de aceite en el wok y salteamos las chalotas y el ajo. ▸ Escurrimos el pollo y lo añadimos al wok con las gambas, removemos y salteamos 5 min. ▸ Incorporamos los huevos batidos. ▸ Cuando hayan cuajado, añadimos los fideos fritos y la salsa de cacahuete. ▸ Mezclamos bien durante 2 min y servimos con trozos de lima.

THE BIG BAND THEORY · 2x06 «The Cooper-Nowitzki Theorem»

Cuando Ramona Nowitzki, una estudiante de la universidad, se ofrece a llevarle comida a Sheldon a su casa para poder observarle mientras trabaja, todos los demás personajes quedan bastante confusos sobre cuál es la naturaleza de la relación entre ambos, sobre todo después de comprobar que Sheldon cree que simplemente está consiguiendo comida gratis. Como es lunes, toca comida tailandesa y, en este caso, *mee krob* y salteado de pollo con extra de salsa de cacahuete del restaurante Siam Palace. Realmente son dos platos, pero nosotros los hemos unido en uno para vuestra comodidad. Para eso estamos.

CROSSOVER
No solo Sheldon disfruta de este plato, también vemos a Shawn en el 1x05 de *Psych* comiéndolo, tanto andando por la calle con Gus, como en una escena del crimen en la que, por cierto, encuentra la especia que le falta a su *mee krob* para estar perfecto. Aunque no todo el mundo le tiene cariño. Desde luego los creadores de *South Park* lo dejaron claro en el gran episodio 5x01, donde lo ponen a la altura de otras cosas no muy agradables, haciendo que su nombre sea una de las palabras prohibidas que pueden despertar un mal ancestral.

ESCENAS ELIMINADAS
Aunque en el episodio digan que los lunes toca comida tailandesa, en el episodio 2x16, Leonard compra a Sheldon pollo con anacardos, que es un plato típico de la comida china de Estados Unidos. De todos modos, la comida tailandesa les gusta mucho porque, como vemos en el 2x23, no pueden vivir sin ella y se la llevan al Polo Norte preparada para comerla después de rehidratarla.

PARA CUANDO CANCELAN TU SERIE PREFERIDA

¿Cómo? ¿No voy a ver más capítulos? ¿Y ese final? ¡Necesito saber qué ocurre después! ¿Por qué nadie la veía? [LLOROS]... Todas las series tienen un final, pero a veces, se terminan demasiado pronto, cuando aún no estamos preparados para separarnos de ellas. Sumergirnos en ese tipo de comida que satisface y conforta es una buena recomendación para estos momentos de luto.

Tarta de manzana

Ingredientes

- 2 láminas de masa quebrada (pág. 146)
- 5 manzanas tipo Golden
- 2 cucharadas de zumo de limón
- ⅔ taza de azúcar
- ¼ taza de mantequilla
- ¼ cucharadita de canela molida
- Una pizca generosa de nuez moscada rallada
- 1 huevo batido

 Tiempo de preparación: **90 min** TV movie

Preparación:

▸ Cortamos las manzanas por la mitad y cada mitad en cuatro partes y las bañamos con el zumo de limón. ▸ Mezclamos con el azúcar y reservamos. ▸ En una sartén a fuego medio, derretimos la mantequilla, añadimos las manzanas y cocemos 8 min, hasta que el azúcar se disuelva y empiecen a ablandarse. ▸ Las colamos y cocemos a fuego medio durante 10 min el jugo que han soltado. ▸ Vertemos este líquido sobre las manzanas y las mezclamos con las especias. ▸ Estiramos con el rodillo las láminas de masa, las ponemos entre papel film y las refrigeramos mientras se precalienta el horno a 180 °C. ▸ Ponemos una lámina de masa en el molde, dejando que cuelgue 1 cm por el borde; rellenamos con las manzanas, dejando más volumen en el centro, y tapamos con la otra. ▸ Pintamos con huevo batido los bordes, doblamos la parte sobrante hacia arriba y sellamos haciendo presión con la yema de los dedos. ▸ Pintamos la superficie con huevo batido, espolvoreamos azúcar y hacemos unos agujeros para que salga el vapor. ▸ Horneamos 50 min.

FARGO

Un hombre entra en una cafetería y pide un café descafeinado y tarta. Podría ser una escena de lo más normal, pero el hombre que entra es Lorne Malvo, y el hombre detrás de la barra es Lou Solverson. La conversación entre ambos (en la que Malvo intenta sacarle información sobre Lester Nygaard) va creciendo en tensión porque sabemos de lo que el cliente es capaz y, además, nos van poniendo cortes de Molly yendo hacia Lou's Coffee Shop. ¿Qué pasará? Bueno, para nosotros lo importante es que Malvo pide tarta de manzana... y que dice que nada bueno salió nunca de un trozo de tarta de cerezas, por lo que nos cae aún peor.

CROSSOVER

Parte de una vida perfecta con la pareja perfecta es, como nos enseña Mindy en el 3x04 de *The Mindy Project*, comer un trozo de tarta de manzana... y después comer otro trozo más. La tarta también puede estar asociada a sentimientos menos positivos: desde el «solo estábamos comiendo tarta de manzana y helado» de Julia en el 1x05 de *Smash*; a la tristeza de Winry en el episodio 16 de *Fullmetal Alchemist: Brotherhood* cuando llega a casa de Hughes con manzanas del mercado y encuentra a Gracia y Elicia; pasando por el rechazo de Audrey a la tarta que Jerry le ofrecía en el 5x15 de *Seinfeld*, un rechazo que hasta el final no podemos intuir de dónde viene.

ESCENAS ELIMINADAS

Hay varios momentos gastronómicos en la primera temporada de esta serie, casi todos escenas entre dos personas: Lester y su mujer comiendo la clásica combinación de *grilled cheese* y sopa de tomate (1x01); o Vern y su mujer embarazada cenando en casa, él no sabemos, pero ella una hamburguesa (1x01)... Y, en el mismo local de Lou, también encontramos otras escenas de este tipo, ya sea en el 1x01 (Vern y Molly), 1x04 (los asesinos Mr. Numbers y Mr. Wrench) o al comienzo del 1x09 (Molly, Gus y Greta, desayunando gofres).

PARA CUANDO CANCELAN TU SERIE PREFERIDA

Pastel de coco

Ingredientes

- 2 ¼ tazas de harina
- 2 tazas de azúcar
- 2 tazas de coco rallado
- ½ taza de mantequilla
- ½ taza de aceite de girasol
- 5 huevos a temperatura ambiente
- ½ cucharadita de extracto de vainilla
- ¼ cucharadita de extracto de almendra
- 1 cucharadita de polvo de hornear
- ½ cucharadita de bicarbonato
- ¼ cucharadita de sal
- ¼ cucharadita de gasificante
- 1 taza de *buttermilk*
- (¾ taza de yogur + ¼ taza de agua)

Para la cobertura

- 300 g de queso crema
- 150 g de mantequilla
- 2 tazas de azúcar glas
- 2 tazas de coco rallado

 Tiempo de preparación: **65 min** Drama HBO ★Tiempo extra + **2 horas nevera**

Preparación:

▸ Precalentamos el horno 160 ºC. ▸ Batimos la mantequilla, el aceite y el azúcar hasta que estén mezclados. ▸ Añadimos las yemas de huevo una a una, batiendo bien. ▸ En otro bol, mezclamos la harina con el polvo de hornear, el bicarbonato y la sal. ▸ Alternamos esta mezcla con *buttermilk* y los incorporamos a la de mantequilla. ▸ Añadimos el coco rallado y mezclamos. ▸ Batimos las claras a punto de nieve con el gasificante y las añadimos poco a poco con movimientos envolventes a la mezcla anterior. ▸ Vertemos en dos moldes engrasados y horneamos 25-30 min. ▸ Dejamos enfriar 10 min, desmoldamos y dejamos enfriar sobre una rejilla. ▸ Para la cobertura, batimos el queso con el azúcar y la vainilla hasta obtener una textura cremosa. ▸ Sobre un plato, ponemos un bizcocho, cubrimos con la crema de queso, espolvoreamos coco rallado y finalizamos con el otro. ▸ Cubrimos toda la superficie, incluidos los laterales, con la crema de queso y espolvoreamos con el coco rallado. ▸ Refrigeramos 2 horas antes de servir.

CALL THE MIDWIFE

La recién acreditada comadrona Jenny Lee llega al convento para prestar sus servicios y allí la recibe la hermana Monica Joan. Después de presentaciones y generalidades y, sin venir a cuento, la monja dice que es momento de ponerse a buscar pastel. Entonces, descubrimos que está obsesionada con el pastel de coco y que las hermanas se lo esconden para que no se lo coma todo. La excusa que da aquí es comportarse como buena anfitriona, pero está claro que no la necesita. Cuando llegan las demás, culpa a Jenny de que solo queden migajas. Nos cae bien esta señora. Y el pastel de coco.

CROSSOVER

Es un pastel estupendo para celebraciones y así intenta Red que sea, a pesar de la actitud de Nicky en el 1x06 de *Orange is the New Black*. De hecho, es tan especial, que solo su fotografía puede levantar pasiones, algo que descubre Bart cuando Agnes Skinner le dice que se lleve de recuerdo una foto de su colección… pero no la del pastel de coco (*The Simpsons* 8x19). Ahora, no a todo el mundo le gusta, o eso descubrimos de Peter Griffin en el 3x12 de *Family Guy*.

CURIOSIDADES

Por lo visto, lo de esconderle pasteles a la hermana más veterana es algo habitual. Eso sí, según dice ella, no tienen mucho éxito, porque está «sintonizada para sentir vibraciones»… Sea lo que sea eso, el caso es que ya había encontrado otro pastel en un sitio donde no debía estar: un pastel Battenberg dentro de una caja de Rinso. Lo primero es un pastel que al corte muestra cuadrados de bizcocho de color amarillo y rosa. Lo segundo es un detergente creado en 1908. Hay que buscar mucho para encontrar algo así.

Pastel invertido de piña

Ingredientes

- 1 ⅓ tazas de harina
- 1 ½ cucharaditas de polvo de hornear
- ¼ cucharadita de bicarbonato
- ½ cucharadita de sal
- ½ taza de mantequilla derretida
- ¾ taza de azúcar moreno
- ¼ taza de azúcar blanco
- 1 huevo
- ¼ taza de yogur natural
- ½ taza de leche
- ¼ taza de zumo de piña (o almíbar de la lata)
- 1 cucharada de extracto de vainilla

Para la cobertura

- ¼ taza de mantequilla derretida
- ½ taza de azúcar moreno
- 1 lata de piña en almíbar
- 20 cerezas al marrasquino

 Tiempo de preparación: **85 min** TV movie

Preparación:

▸ Precalentamos el horno a 175 ºC. ▸ Empezamos por lo que será la cobertura. ▸ Ponemos la mantequilla derretida en un molde redondo de 22 cm, espolvoreamos con el azúcar y ponemos las rodajas de piña. ▸ Empezamos siguiendo la circunferencia del molde y ponemos una en el centro. ▸ Luego, con mitades de piña tapamos los espacios entre las rodajas, de forma que suba parcialmente por los bordes. ▸ Ponemos una cereza en el centro de cada rodaja y en todos los espacios entre ellas. ▸ Reservamos. ▸ Para el bizcocho, mezclamos en un bol la harina con el polvo de hornear, bicarbonato y la sal. ▸ En otro, batimos la mantequilla derretida con el azúcar y mezclamos con el huevo, el zumo de piña, yogur, leche y vainilla. ▸ Añadimos poco a poco la mezcla de la harina hasta que todo esté perfectamente integrado. ▸ Vertemos la masa sobre las rodajas de piña que habíamos preparado y horneamos durante 40-50 min. ▸ Invertimos la tarta 10 min después de sacarla del horno. ▸ Recomiendan comerla recién hecha, tibia o a temperatura ambiente.

SONS OF ANARCHY

7x03 «Olaying with Monsters»

Cuando Ken, el padre de Sandy, una de las chicas que trabaja en Diosa International, intenta cobrarle a su hija el dinero que le debe, Gemma se mete en medio y golpea a Ken. Lo que hace Ken después, responder a Gemma con la misma moneda, no es lo más inteligente que ha hecho en su vida. Al final del episodio, la matriarca de la serie lleva a su agresor un pastel como disculpa y ofrenda de paz (supuestamente, claro). No sabemos cómo Gemma se toma tantas molestias en lugar de hacer un pastel más sencillo, suponemos que le gusta hacer las cosas siempre bien.

CROSSOVER

Este pastel puede valer para cumplir muchos propósitos: como bienvenida a casa después de haber salido de la cárcel, y así lo usan los Florrick para recibir a Peter en el 1x15 de *The Good Wife*; como pastel para llevar cuando te invitan a comer, como hace Margaret en el 3x07 de *Boardwalk Empire*, cuando son invitados por June Thompson a comer el Domingo de Pascua; como postre «peligroso» para disfrutar de un momento como el que comparten Gabrielle y Bree en el 7x09 de *Desperate Housewives*; o puede ser el pastel preferido de tu hijo y servirte para picar a tu nuera, como hace la suegra de Samantha en el 1x14 de *Bewitched*.

CURIOSIDADES

El pastel de piña es quizá el más famoso de este tipo de pasteles invertidos (especialmente en los EE.UU.), pero no el único que existe. Un par de ejemplos serían la *tarta tatin* francesa, con manzanas, y el *bolo de banana* brasileño, que tiene plátano y canela.

PARA CUANDO CANCELAN TU SERIE PREFERIDA

Tarta de ruibarbo

Ingredientes

- 1 lámina de masa quebrada (pág. 146)
- 4 tazas de ruibarbo en trozos
- 2 tazas de fresas
- 1 ⅓ tazas de azúcar
- ¼ taza de maicena o tapioca
- 1 cucharada de zumo de limón
- ¼ cucharadita de canela molida

 Tiempo de preparación: **95 min** TV movie

Preparación:

▸ Precalentamos el horno a 215 ºC. ▸ Ponemos la masa en el molde y la metemos 15 min al frigorífico. ▸ Mezclamos todos los ingredientes y los dejamos que suelten su jugo hasta que llegue el momento de sacar la masa. ▸ Ponemos una bandeja con papel de aluminio en la rejilla inferior del horno para recoger los jugos que puedan caer. ▸ Vertemos el relleno en el molde y metemos al horno. ▸ Pasados 15 min, bajamos la temperatura a 190 ºC y horneamos 50-60 min más.

PUSHING DAISIES

1x02 «Dummy»

Ned abre su local de tartas, The Pie Hole, debido a su obsesión por ellas (heredada de su madre). Una obsesión que se complementa perfectamente con su don, que le permite ofrecer las tartas con los ingredientes más frescos. Gracias a su colaboración con Emerson Cod, ha podido mantener abierto su negocio y, además, ha convertido a Emerson en un cliente habitual. En varias ocasiones a lo largo de la serie, el detective privado parece muy interesado en la tarta de ruibarbo y, probablemente la hubiera pedido en el 1x01 si no fuera porque Olive le dijo que le había puesto todo su amor. En este episodio, sí la pide, no sin antes ser un poco cruel con la risueña camarera.

CROSSOVER

Esta tarta es una de esas fáciles de describir: interesante, tanto que incluso puede meterte en problemas por ir a probarla, como les pasa a Walter, Peter y Olivia cuando se desvían de su camino y van a Westfield por un capricho del primero (*Fringe* 4x12); intensa, sobre todo si la mezclas con algún licor como Schnapps, o eso le dice Angie a Peggie en el 1x03 de *Marvel's Agent Carter*; y positiva, o por lo menos que apetece cocinarla cuando estás feliz, impulso que tiene Luke en el 6x01 de *Modern Family*, cuando su familia está en el mejor verano de su historia.

ESCENAS ELIMINADAS

Como le dice Olive a Emerson, The Pie Hole no es parte de una cadena (como, por lo visto, Pies-R-Us, Pie City o Thousands-of-Pies-in-One-Place), es un local con campana en la puerta, familiar, en el que los camareros hablan con los clientes; pero eso no quiere decir que no tengan una buena selección de tartas de todo tipo, todas a 5,95 $ el trozo: *Kahlua Cream Cheese, Chocolate Satin, Banana Cream, Spring Passion fruit, Three Plum, Pecan, Lemon Cream Cheese*… Y muchos más. Más adelante, además, incorporan la invención de Chuck, los *Cup-Pie*, una mezcla de cupcake y tarta, con muchos sabores adicionales.

Spring Break cupcakes

Ingredientes

- 1 ½ tazas de harina
- 1 cucharadita de polvo de hornear
- ½ cucharadita de bicarbonato
- ⅛ cucharadita de sal
- 3 cucharadas de mantequilla
- 1 taza de azúcar moreno
- 2 huevos
- 1 taza de cerveza blanca belga

Para la cobertura

- ¾ taza de mantequilla a temperatura ambiente
- 2 tazas de azúcar glas
- 3 cucharadas de sirope de arce

Para el bacon caramelizado

- 2-3 lonchas de bacon
- 1 cucharada de sirope de arce

 Tiempo de preparación: **55 min** Drama de cable ★12 cupcakes

Preparación:

▶ Ponemos las lonchas de bacon sobre una lámina de silicona y las cubrimos con sirope de arce. ▶ Horneamos 5 min a 200 ºC por cada lado y reservamos. ▶ Bajamos el horno a 180 ºC. ▶ En un bol, mezclamos bien la harina con el polvo de hornear, el bicarbonato y la sal. ▶ Reservamos. ▶ Aparte, en un bol grande, batimos la mantequilla con el azúcar moreno hasta obtener una textura cremosa. ▶ Añadimos los huevos uno a uno, incorporándolos bien cada vez. ▶ Agregamos la mezcla de harina en 4 veces, alternándola con la cerveza. ▶ Mezclamos hasta que todo esté perfectamente integrado. ▶ Alineamos los moldes de cupcakes sobre una bandeja de horno y los llenamos con la masa, dejando un tercio libre. ▶ Horneamos durante 25-30 min. ▶ Los dejamos enfriar totalmente antes de decorarlos. ▶ Para hacer la cobertura, batimos la mantequilla con el azúcar y el sirope. ▶ Si lo queremos más suave, podemos añadir una cucharada de leche. ▶ Decoramos y coronamos con trozos de bacon caramelizado.

2 BROKE GIRLS
1x24 «And Matha Stewart Have a Ball: Part 2»

Durante la primera temporada, el sueño de las protagonistas de triunfar vendiendo *cupcakes* se mantiene vivo. Max's Homemade Cupcakes va cogiendo forma a lo largo de la serie, pero si hay un momento álgido para este negocio de Max y Caroline en la primera temporada es el del final, cuando consiguen hacer llegar al icono americano Martha Stewart uno de sus *cupcakes*: es en el baño de una fiesta, sí, pero lo consiguen y encima le encanta. Ese *cupcake* que consiguen colar es uno de los que presentan al comienzo del episodio y que, todos parecen coincidir, podría gustarle especialmente a alguien que vaya colocado. Confirmamos que también a los que no.

CROSSOVER

Os aconsejamos varias cosas a la hora de cocinar *cupcakes*: hacer unos cuantos merece la pena, pero tampoco hace falta que os volváis locos como Izzie (*Grey's Anatomy* 3x02); partirlos por la mitad para hacer un «sándwich» con el *frosting* es una buena idea, y todo el crédito se lo damos a Liz Lemon (*30 Rock* 7x12); y, por último, hacerlos explosivos, aunque parece evidente, no es buena idea. Agradecemos la confirmación a Peter Griffin (*Family Guy* 5x14), que nos ha quitado muchas cosas de la lista «¿Será buena idea?».

ESCENAS ELIMINADAS

Los otros *cupcakes* especiales del episodio son el *Salty and Spice* (que lleva *pretzels* por encima), el Very Very Vanilla, que es el preferido de Caroline, y el *Chocolate Espresso*, que al parecer no sentó demasiado bien a Earl. Además, en el 2x04 tenemos el *Chicken and Waffle*, que suena, por lo menos, curioso; o el *Earl* (de chocolate negro) del 1x02, en honor del cajero del *diner* en que trabajan, alguien a quien, al parecer, las mujeres no pueden evitar adorar.

Pudin de caramelo salado

Ingredientes

- ⅓ taza de azúcar moreno
- ⅓ taza de agua
- 2 cucharadas de maicena
- 1 ½ tazas de leche
- 3 yemas de huevo
- 2 cucharadas de mantequilla
- 1 cucharadita de extracto de vainilla
- ½ cucharadita de sal fina

 Tiempo de preparación: **35 min** Comedia ✳Tiempo extra + **2 horas nevera.** ✳**4 raciones**

Preparación:

▸ Ponemos el agua y el azúcar en una cazuela a fuego medio y, cuando hierva, retiramos del fuego. ▸ Reservamos. ▸ Disolvemos la maicena en ¼ de la leche. ▸ Cuando hayan desaparecido todos los grumos, añadimos el resto de la leche y la cocemos en una cazuela a fuego bajo hasta que hierva lentamente. ▸ Retiramos del fuego. ▸ En un bol, mezclamos las yemas de huevo y vamos añadiendo un hilo de la leche caliente, con cuidado de no cuajar los huevos. ▸ Incorporamos el caramelo y llevamos toda la mezcla a una cazuela a fuego medio, removiendo constantemente hasta que espese, aproximadamente unos 5 min. ▸ Retiramos del fuego, añadimos la mantequilla, la vainilla, la sal y pasamos por un colador. ▸ Vertemos la mezcla en vasos individuales y ponemos papel film directamente en la superficie del pudin. ▸ Dejamos en la nevera al menos 2 horas o la noche anterior. ▸ Podemos servir el pudin con nata montada y trocitos pequeños de galletas Oreo.

SUPERNATURAL

9x13 «The Purge»

Mientras investigan la muerte del ganador de una competición de ingesta de perritos calientes, los Winchester se infiltran en un centro de *fitness* en el que los miembros adelgazan de manera milagrosa. Sam acaba de instructor de yoga y a Dean le toca en la cocina. Toda la comida que hay por ahí es dietética... excepto el pudin de caramelo salado recibido por los clientes el día de spa. Dean prueba uno y lo roba para comerlo después. Al terminarlo, cae redondo al suelo porque el pudin tenía un «suplemento» añadido (*roofies*, una droga que deja incapacitado a quien la toma). Lo mejor de ambos mundos, como dice Dean, salado y dulce, en un mismo plato, y sin químicos en nuestro caso.

CROSSOVER

El pudin puede ser una cosa muy elegante, de lo contrario no se serviría como postre en la casa de los padres de Lorelai, a la que le encanta, al contrario que a su madre (*Gilmore Girls* 1x06); algo mucho más «sucio» y adulto como iba a ser en el 1x11 de *Rescue Me* para Tommy si no lo hubiera arruinado, e incluso puede ser una fuente de confort como ninguna, sobre todo si estás en medio del apocalipsis y te encuentras una tarrina gigante llena de pudin de chocolate (*The Walking Dead* 4x01).

ESCENAS ELIMINADAS

Dean está obsesionado con la comida. Eso sí, no comida sana o ensaladas («o comida para conejos», como dice él). En este mismo episodio le vemos comiendo un dónut relleno cubierto de azúcar glas con extremo placer, ante la mirada atónita de su hermano, además de recibir otra razón para no comer ensaladas. Su comida preferida, aparte de las tartas (que no siempre puede terminar comiendo), es la hamburguesa con queso y bacon, que considera tan buena como el sexo. Aunque sea alérgico a nuestro gato, nosotros lo invitaríamos a comer una.

Brownies

Ingredientes

- 250 g de chocolate para fundir
- 250 g de mantequilla
- 1 taza de azúcar blanco
- ½ taza de azúcar moreno
- 3 huevos
- ½ taza de harina
- ½ cucharadita de polvo de hornear
- ¼ cucharadita de sal
- ½ taza de cacao puro en polvo
- 1 cucharadita de extracto de vainilla
- 1 taza de nueces picadas

 Tiempo de preparación: **75 min** TV movie

Preparación:

▸ Precalentamos el horno a 180 ºC. ▸ Derretimos 200 g de chocolate al baño maría y reservamos el resto cortado en trozos pequeños (que podemos remplazar por *chips* de chocolate). ▸ Mezclamos en un bol la harina con el polvo de hornear, la sal y el cacao. ▸ Reservamos. ▸ Batimos la mantequilla con el azúcar hasta que quede cremosa. ▸ Añadimos y mezclamos los huevos uno a uno y batimos durante 3 min más, hasta conseguir una textura sedosa y que la mezcla aumente de volumen. ▸ Incorporamos el chocolate fundido y el que habíamos reservado en trozos. ▸ Añadimos la harina hasta que se incorpore bien y, por último, las nueces picadas. ▸ Vertemos la mezcla en un molde rectangular. ▸ Horneamos 40 min. ▸ Si comprobamos con un cuchillo, no saldrá del todo limpio, pero veremos que la masa no está cruda. ▸ Dejamos enfriar antes de cortarlo, pero para servirlo, podemos templar un poco las porciones en el microondas, acompañado con una bola de helado de vainilla. ▸ O, si quieres darle un toque diferente, puedes añadirle sal en escamas por encima.

THE AMERICANS

1x01 «Pilot»

En el primer episodio de la serie no solo conocemos a los protagonistas, Phillip y Elizabeth, agentes de la KGB infiltrados en los EE.UU., sino también a sus recién mudados vecinos, los Beeman. Actuando como cualquier americano haría, los Jennings llevan unos *brownies* recién hechos a los nuevos vecinos. Cuando lo hacen, no solo descubren que a Stan le gusta ese postre, también que es un agente del FBI. Por cierto: antes de cortar los *brownies*, es mejor esperar un poco a que se enfríen, como hace Elizabeth (aunque ella lo haga porque tiene otras cosas en la cabeza y en el maletero del coche).

CROSSOVER

Buen postre para ocasiones especiales, en este caso, dar la bienvenida a los vecinos, pero también otras como: cumpleaños (que además permite implicar a invitados en la preparación, como ocurre en la fiesta de Pandora en el 3x04 de *Skins*); momentos en pareja (como demuestran Aria y Ezra en el 4x16 de *Pretty Little Liars*); o ferias de empleo en la cárcel (*Orange is the New Black* 2x02). También suelen ser el postre preferido cuando se quiere poner un poco de «alegría adicional» en alguna comida (*Rescue Me* 7x04, *Two and a Half Men* 9x05) o distraer a las autoridades (*Beverly Hills, 90210* 5x06).

CURIOSIDADES

Un postre delicioso hecho en casa, pero que, como todo, tiene su establecimiento de referencia. En el 5x04 de *Mad Men*, Don y Megan son invitados a la casa de los Campbell para cenar. El regalo que les llevan es una lata roja que Pete reconoce inmediatamente: *brownies* de William Greenberg. Esta pastelería es una de las más famosas de Nueva York y hacen los *brownies* preferidos de muchos residentes de la Gran Manzana desde los años 40. Pete además dice que su forma preferida de comerlos es dejándolos antes en la nevera un rato, pero también se pueden disfrutar calientes o templados.

Apple turnover

Ingredientes

- 2 láminas de masa de hojaldre
- 1 cucharadita de ralladura de cáscara de naranja
- 4 cucharadas de zumo de naranja
- 3 manzanas Granny Smith
- 3 cucharadas de uvas pasas
- 3 cucharadas de azúcar
- 1 cucharada de harina
- 4 cucharaditas de canela molida
- ⅛ cucharadita de nuez moscada rallada
- 1 huevo batido
- 1 pizca de sal

 Tiempo de preparación: **25 min** Comedia ✳**8 tartas**

Preparación:

▸ Precalentamos el horno a 200 °C. ▸ Mezclamos la cáscara y el zumo de naranja en un bol. ▸ Pelamos las manzanas, las cortamos en dados y las vamos bañando con la mezcla de zumo de naranja para evitar su oxidación. ▸ Añadimos y mezclamos las uvas pasas, el azúcar, la harina, la canela, la nuez moscada y la pizca de sal. ▸ Estiramos las láminas de hojaldre y las dividimos en 4 rectángulos cada una. ▸ Ponemos 2 cucharadas de la mezcla en la mitad de cada rectángulo de masa, pintamos los bordes con huevo batido y cerramos las tartas en diagonal para obtener triángulos. ▸ Ponemos sobre una lámina de silicona, pintamos la superficie con huevo batido, espolvoreamos un poco de azúcar y horneamos 20 min. ▸ Pueden comerse recién hechas o a temperatura ambiente.

ONCE UPON A TIME

1x21 «An Apple Red as Blood»

En el último tramo de la primera temporada de la serie, una incrédula Emma recibe la visita de Henry, que lleva tiempo intentando convencerla de cómo son las cosas de verdad y de que sus historias no son solo un cuento para niños. Hasta tal punto se toma en serio su misión que, en cuanto ve que Emma tiene comida preparada por Regina en casa, se sacrifica para convencer a su madre biológica de todo lo que le ha estado contando. Nada como un gesto así para hacer despertar ciertas cosas.

CROSSOVER

Larry David se vuelve loco cuando la mujer que ha preparado la comida de una fiesta que ha montado se queda con las sobras (*Curb Your Enthusiasm* 1x07). Esto lo descubre cuando, a la hora de desayunar, se acerca al frigorífico a buscar unos *apple turnovers* del día anterior, que debían de estar muy buenos. Aunque, la verdad es que los *turnovers* no eran lo importante en este caso, solo que alguien se había apropiado de algo que él había pagado.

CURIOSIDADES

«*Turnover*» la verdad es que no tiene un equivalente en castellano, pero se podría traducir como «tarta cerrada», lo que al final viene a ser algo así como una empanadilla dulce.

ESCENAS ELIMINADAS

Esto no es lo único que Regina sabe cocinar, porque en el 2x10 lleva una bandeja de lasaña con una pinta estupenda a la fiesta en el *diner* de Granny. No fue la única que llevó comida a esta fiesta, porque Emma y Henry hacen tacos para todos. No son comidas de cuento de hadas, cierto, pero tengamos en cuenta que el plato favorito de Emma es *grilled cheese* y aros de cebolla (y eso le lleva Hook al despacho en el 4x14); y que, en el 4x13, Regina ofrece a Henry dónuts con cobertura de chocolate, así que están todos muy adaptados a nuestro mundo.

Tiramisú

Ingredientes

- 250 g de queso mascarpone
- 1 cucharada de azúcar
- 6 cucharadas de licor de almendra
- 2 huevos
- 1 cucharadita de extracto de vainilla
- ½ taza de café
- 20 bizcochos de soletilla
- 2 cucharadas de cacao puro en polvo

 Tiempo de preparación: **25 min** Comedia ★Tiempo extra + **4 horas nevera** ★**4 personas**

Preparación:

▸ Separamos las yemas de las claras. ▸ Mezclamos las yemas con el azúcar, la vainilla y el mascarpone. ▸ Batimos las claras a punto de nieve y las incorporamos con movimientos envolventes en la mezcla anterior. ▸ Mezclamos el café con el licor de almendra. ▸ Uno a uno, vamos mojando los bizcochos de soletilla en el café, solo un segundo por cada lado, y los disponemos formando una capa en una fuente honda. ▸ Cubrimos los bizcochos con una capa de mascarpone y repetimos la operación hasta acabar con la mezcla. ▸ La última capa será de mascarpone. ▸ Dejamos enfriar y endurecer al menos 4 horas en la nevera. ▸ Al momento de servir, espolvoreamos con cacao tamizado.

EPISODES

4x07 «Episode Seven»

Sean y Beverly van a cenar a casa de Matt LeBlanc. Están convencidos de que todo les saldrá bien cuando le digan que no va a participar en su nuevo proyecto, echándole además la culpa a algún ejecutivo. Pero las cosas, como suele pasar, no terminan ocurriendo como ellos pensaban; en parte porque la madre de Matt también está en casa, y eso hace que todo sea un poco más incómodo aún. Pero el momento cumbre de la cena es cuando ya se ha descubierto el pastel (que no quieren trabajar con él), se están marchando y la señora con la que no contaban insiste en que coman postre, el tiramisú que ella misma ha preparado.

CROSSOVER

Ya que estamos con Matt LeBlanc y familiares de personajes suyos que preparan tiramisú, en el 3x11 de *Friends*, Chandler va a comer con la familia de Joey después de haberse liado con una de las hermanas y no recordar cuál es. Eso no puede acabar bien. Menos mal que el tiramisú de la abuela de Joey estaba muy bueno. El que no sabemos si estaba bueno o no, aunque nos imaginamos que sí, es el que estaba comiendo Saul de postre cuando Carrie irrumpe en el restaurante y monta uno de sus números clásicos (*Homeland* 3x01). Un estupendo postre, pero cuidado no os atragantéis con el cacao en polvo, como Michael en el 5x09 de *The Office*.

CURIOSIDADES

La palabra «tiramisú» viene del italiano «*tirami su*» que sería algo así como «tira de mí hacia arriba», lo que suponemos que se referirá a que era algo que subía el ánimo a quien lo comía, probablemente algo parecido a lo que en castellano conocemos como «tentempié». Parece que, en origen, el plato surgió como una variación de otro postre llamado «*zuppa inglese*», el preferido de Wilson Fisk, el villano de *Daredevil* (lo podéis ver pedirlo en su cita con Vanessa en el 1x04).

PARA CUANDO CANCELAN TU SERIE PREFERIDA

Plátano helado

Ingredientes

- 3 plátanos maduros
- 180 g de chocolate para fundir
- 1 cucharada de mantequilla
- Confeti de azúcar para decorar
- Palitos de madera para helados

 Tiempo de preparación: **25 min** Comedia ⋆Tiempo extra + **2 horas congelador** ⋆**6 unidades**

Preparación:

▸ Pelamos los plátanos y los partimos por la mitad a lo largo. ▸ Atravesamos con cuidado cada mitad con los palitos para helado, dejando sobresalir un cuarto de su longitud. ▸ Congelamos los plátanos sin cubrirlos sobre una bandeja dejando espacio entre ellos, aproximadamente 2 horas. ▸ Derretimos el chocolate con la mantequilla hasta que estén bien mezclados y preparamos el confeti de azúcar en un plato. ▸ Sacamos los plátanos helados del congelador y los bañamos en el chocolate derretido, girándolos con cuidado hasta que estén bien cubiertos. ▸ Podemos usar una cuchara para cubrir las partes a las que no llegue el chocolate. ▸ Inmediatamente, antes de que se enfríe el chocolate, rebozamos cada plátano con el confeti para que se adhiera bien. ▸ Dejamos enfriar un min antes de poner sobre un plato. ▸ Si no los vamos a comer al momento, podemos congelarlos otra vez. ▸ Sacamos del congelador 10 min antes de servirlos.

ARRESTED DEVELOPMENT

1x02 «Top Banana»

El puesto de venta de plátanos helados es de lo poco que le queda a la familia Bluth después de que George Sr. vaya a la cárcel en el primer episodio de la serie, y allí trabaja George Michael, tratando de hacer sentir orgulloso a su padre. Todo empieza a irse al garete cuando Maeby se convierte en compañera de su primo en el puesto y usa sus matemáticas absurdas para aprovecharse de la situación. La culminación será un acto de rebeldía de Michael contra su padre, que llevaba todo el episodio diciendo que había dinero en ese puesto…

CURIOSIDADES

En el puesto de plátanos helados se pueden comprar pequeños (por 1,65 $), medianos (por 1,85 $) y grandes (por 2,50 $); y de varios tipos, como se ve en el menú en el 3x08: desde el clásico original cubierto de frutos secos, a uno cubierto de caramelos rosas en forma de corazón (*The Giddy-Girly Banana*) o en una taza con *ganache* de chocolate caliente para comerlo por el camino (*The On the Go-Go Banana*).

ESCENAS ELIMINADAS

En este mismo episodio tenemos varias referencias a comida, como el *Bananas' Foster* (plátano y helado de vainilla con una salsa hecha con azúcar moreno, mantequilla, ron, licor de plátano…) de Lucille y Lindsay; o el sándwich de helado de George Sr. en la cárcel. Y, a lo largo de la serie, hay varios momentos «culinarios», como la referencia a ese aparato creado por George Sr., *The Cornballer*, que se terminó prohibiendo en los EE.UU. pero se siguió vendiendo en México (1x03), las barras de plátano que crea en la cárcel para ganar dinero (1x14) o el *grilled cheese* que le ofrecen a Buster para que colabore con la fiscalía (1x17).

Pastelitos de limón

Ingredientes

- ½ taza de mantequilla
- 1 taza de azúcar
- 1 huevo
- 1 ½ tazas de harina
- ¾ cucharadita de polvo de hornear
- ¾ cucharadita de sal
- 1 cucharada de piel de limón rallada
- 1 cucharada de zumo de limón
- ½ taza de leche

Para la crema de limón
- ½ taza de nata para montar
- ⅛ taza de azúcar glas
- 1 cucharada de zumo de limón

Para el limón en almíbar
- 1 limón en rodajas
- 1 taza de agua
- 1 taza de azúcar

 Tiempo de preparación: **35 min** Dramedia ✳**10 pastelitos**

Preparación:

▸ Precalentamos el horno a 170 ºC. ▸ Mezclamos en un bol la harina, el polvo de hornear y la sal. ▸ Aparte, batimos la mantequilla con el azúcar hasta conseguir una textura ligera y esponjosa. Incorporamos los huevos y batimos durante 1 min. ▸ Añadimos la ralladura de limón, un tercio de la harina y mezclamos. ▸ Luego, el zumo de limón, ¼ taza de leche y otro tercio de harina. ▸ Mezclamos el resto de ingredientes, hasta que quede todo perfectamente integrado. ▸ Alineamos moldes tipo muffin y los llenamos con la masa hasta ¾ de su capacidad. ▸ Alisamos la superficie y horneamos durante 15 min, o hasta que, al introducir un palillo, salga limpio. ▸ Mientras están los pastelitos en el horno, preparamos la cobertura. ▸ Para la crema, montamos la nata con el azúcar y el limón. ▸ Refrigeramos. ▸ Para el limón en almíbar, ponemos el agua y el azúcar en una cazuela a fuego medio. ▸ Cuando empiece a hervir, añadimos las rodajas de limón y las dejamos hasta que queden translúcidas. ▸ Retiramos del almíbar. ▸ Cuando se enfríen los pastelitos, cubrimos la superficie con un poco de crema y ponemos sobre cada uno un cuarto de rodaja de limón en almíbar.

GAME OF THRONES

4x05 «First of his name»

Ya a salvo en los dominios de su tía Lysa Arryn, gracias a Petyr Baelish, Sansa Stark tiene un momento con ella que comienza de manera prometedora: historias de la infancia de su madre, Catelyn, conversación agradable, trato dulce y pastelitos de limón. ¿Qué puede ir mal para Sansa? Pues que su tía tiene ciertas obsesiones y un tornillo de menos, lo que convierte la situación en algo violento y tenso. Menos mal que tenía su pastel preferido para endulzarlo. Ya la habíamos visto antes disfrutando de ellos, por cierto, en el 3x02, cortesía de Olenna Tyrell, y en el 4x01, gracias a la preocupada Shae.

CROSSOVER
Además de un postre estupendo, por lo que dice Walter en el 4x21 de *Fringe,* también tiene la propiedad de ser la perfecta incubadora para experimentos con *cortexiphan* (por no hablar de que se regenera). Aunque lo cierto es que no todo el mundo come este pastel en porciones individuales, hay quien quiere tener su pastel de boda (*Revenge* 3x08) o de cumpleaños (*Mike & Molly* 2x02) con estos sabores. A nosotros nos gusta más la versión pequeña de la que tan fan es Sansa.

CURIOSIDADES
De las variantes más deliciosas de este pastel cítrico, tenemos dos que nos gustan mucho: el de limón y merengue, que es el que Junior Soprano le estampa a Bobbi en la cara, enfadado porque ha hablado demasiado con quien no debía de sus intimidades (*The Sopranos* 1x09); y el de *key lime* (una clase de lima pequeña y muy ácida), del que Dexter tiene que conseguir un ejemplar perfecto para llevar a Camilla, que está convaleciente (*Dexter* 3x07). A Debra, por cierto, no le gusta nada.

PARA CUANDO CANCELAN TU SERIE PREFERIDA

Rollos de canela

Ingredientes

- 1 sobre de levadura en polvo
- 1 taza de leche de almendra
- ½ taza de mantequilla
- ¼ cucharadita de sal
- 3 tazas de harina
- ½ cucharada de canela molida
- ¼ taza de azúcar moreno

Para el glaseado de queso crema
- 90 g de queso crema
- ¼ de azúcar glas
- ½ cucharadita de extracto vainilla

 Tiempo de preparación: **65 min** Drama HBO ✳Tiempo extra +90' **fermetación** ✳10 rollos

Preparación:

▸ Calentamos la leche en el microondas con 3 cucharadas de mantequilla hasta que se derrita, pero sin que llegue a hervir. ▸ Ponemos la leche tibia en un bol grande, espolvoreamos la levadura (sin mezclar) y la dejamos activar 10 min. ▸ Añadimos una cucharada de azúcar, la sal y mezclamos. ▸ Incorporamos la harina en medias tazas y removemos bien cada vez. ▸ Amasamos con la mano en una superficie enharinada durante 2 min, hasta que podamos formar una bola. ▸ Engrasamos un bol grande y dejamos reposar la masa cubierta con un paño de cocina, durante hora y media, o hasta que haya doblado su volumen. ▸ Para el relleno, mezclamos la mantequilla restante (derretida) con el azúcar y la canela. ▸ Cuanto la masa haya fermentado, la estiramos con un rodillo en una superficie enharinada formando un rectángulo. ▸ Con una cuchara, extendemos el relleno sobre toda la masa, sin llegar a los bordes. ▸ Enrollamos como un brazo de gitano y cortamos en 10 partes de unos 3,5 cm cada una. ▸ Ponemos los rollos (apoyados sobre las partes más anchas) uno al lado del otro en un molde engrasado, tapamos con papel film y los dejamos crecer mientras se precalienta el horno a 175 °C. ▸ Horneamos durante 25-30 min. ▸ Para el glaseado, batimos todos los ingredientes y pintamos con una brocha la superficie de los rollos una vez estén templados.

BETTER CALL SAUL

1x01 «Uno»

En la primera escena de este *spin-off* de *Breaking Bad*, que nos cuenta los orígenes del personaje de Saul Goodman, se nos da una muestra de lo que habrá en su futuro. En un excelente montaje en blanco y negro, vemos a Saul con la masa de estos rollos de canela, preparando *cinnasweeties* (bolas de masa de dónut cubiertas de azúcar y canela), poniendo cobertura de queso crema, limpiando… No parece tan excitante como su vida con Walter White, y así lo recuerda al final, pero algo es algo.

CROSSOVER
Otro tipo de rollo de canela parecido son los *sticky buns*, cuya principal diferencia con los rollos de canela parece ser que los segundos son más esponjosos, porque se deja actuar la levadura más tiempo (y dos veces). También suponemos que serán más pegajosos. Podemos encontrar ejemplos de esta variante en el 1x13 de *Frasier*, como parte de un clásico desayuno inglés; o en el 2x11 de *Buffy the Vampire Slayer*, preparados por Ted, el novio de Joyce. También es fácil usarlos con doble sentido, como pasa en el 2x09 de *The Cleveland Show*.

CURIOSIDADES
Si estáis en el norte de Europa y veis palabras como *korvapuusti, skillingsbolle* o *kanelbulle* (en Finlandia, Noruega y Suecia respectivamente) tened claro que ahí os darán bien de desayunar, porque esas son las versiones nórdicas de este dulce, que no solo es popular en los EE.UU. De hecho, se dice que en Suecia fue donde se inventó y, como diferencia, allí suelen ponerle cardamomo a la masa, lo que seguramente le dará un sabor muy particular.

New York cheesecake

Ingredientes

- 900 g de queso crema
- 1 taza de azúcar
- 3 cucharadas de harina
- 5 huevos
- 1/3 taza de nata para montar
- 1 cucharada de ralladura de cáscara de limón
- 1 cucharadita de extracto de vainilla

Para la base de galletas

- 12 galletas Graham *crackers* o Digestive
- 3 cucharadas de mantequilla derretida
- 2 cucharadas de azúcar

 Tiempo de preparación: **100 min** TV movie ⋆Tiempo extra + **6 horas nevera**

Preparación:

▶ Trituramos las galletas hasta que queden hechas polvo, las mezclamos con el azúcar y la mantequilla derretida y las ponemos en el molde. ▶ Esparcimos bien la mezcla por todo el fondo y un tercio de los bordes haciendo presión con las yemas de los dedos o la base de una cuchara. ▶ Guardamos en el frigorífico. ▶ Precalentamos el horno a 170 ºC. ▶ En un bol grande, batimos durante 2 min el queso crema con el azúcar y la harina. ▶ Añadimos uno a uno los huevos, batiéndolos 30 segundos cada vez. ▶ Incorporamos la nata, la ralladura de limón y la vainilla. ▶ Ponemos el relleno sobre la base de galletas, alisamos la superficie rompiendo cualquier burbuja de aire y metemos el pastel al horno. ▶ A los 15 min, bajamos la temperatura a 120 ºC y dejamos hornear 60-90 min (hasta que esté firme, pero un poco temblorosa en el centro). ▶ Sacamos el pastel del horno y, con un cuchillo de mantequilla, lo separamos con cuidado de los bordes, para que no se rompa al enfriarse. ▶ Cuando esté a temperatura ambiente, guardamos en el frigorífico durante al menos 6 horas antes de servir.

FRIENDS

7x11 «The One with All the Cheesecakes"

No es que nos haya pasado nunca, ni que fuéramos a hacer lo mismo, solo queremos decir que podemos entenderlo: cuando Chandler se encuentra con un envío de *cheesecake* en su casa por equivocación, no caer en la tentación de probarla puede que fuera… complicado. Al final, la cosa no es que le salga bien del todo, porque su cómplice, Rachel, termina haciendo las cosas más difíciles para él. Lo que sí apoyamos del todo es lo de ir con un tenedor en el bolsillo por si se presenta la oportunidad de usarlo, como hace Joey. Él se encontró con otro *cheesecake* en el 10x09, pero como buen neoyorquino, lo rechazó por tener algo encima (*coulis* de frambuesa, en este caso).

CROSSOVER

Es un plato delicioso que conforta y que puede ser una buena forma de animarnos, como Penny intenta hacer con Sheldon en el 4x19 de **The Big Bang Theory**. Por eso mismo, nos parece un gesto muy romántico dejarle a alguien el último trozo, igual que a Meredith (**Grey's Anatomy** 2x05). La que se puede comprar en el lugar donde se reúnen habitualmente Roger y Joan (**Mad Men** 4x09), estará muy buena, pero solo es un añadido a la verdadera razón de elegir ese local: la discreción.

CURIOSIDADES

En los EE.UU., este postre es tan querido, que tiene su propio día (el 30 de junio) para celebrar lo bueno que es y sus decenas de variantes. Aunque no a todo el mundo le entusiasma. En **Golden Girls**, una de sus tradiciones era sentarse en la cocina a comer *cheesecake* mientras hablaban de sus problemas (por ejemplo, en episodios como 1x22, 1x25, 2x06, 3x18, 4x23…) pero a Bea Arthur, que interpretaba a Dorothy, no le gustaba nada el postre. Se dice que durante la grabación de estas escenas se sirvieron alrededor de 100 pasteles de queso. Pobre…

PARA CUANDO CANCELAN TU SERIE PREFERIDA

Tarta de cerezas

Ingredientes

- 2 láminas de masa quebrada (pág. 146)
- 6 tazas de guindas o cerezas ácidas deshuesadas
- 1 taza de azúcar
- 1 cucharadita de zumo de limón
- 2-3 cucharadas de tapioca
- ¼ cucharadita de sal
- 2 cucharadas de licor de naranja
- Nuez moscada rallada
- 1 huevo batido

 Tiempo de preparación: **75 min** TV movie

Preparación:

▸ Ponemos una lámina de masa en un molde de tarta y la metemos al frigorífico 15 min. ▸ Mezclamos con cuidado las cerezas deshuesadas con el resto de ingredientes y dejamos que suelten sus jugos mientras la masa esté refrigerada. ▸ Transcurridos los 15 min, ponemos el relleno de cerezas en el molde y cubrimos con la otra lámina de tarta, entera o cortada en tiras formando un enrejado. ▸ Pintamos con huevo batido, espolvoreamos la masa con un poco de azúcar y dejamos en el frigorífico mientras se precalienta el horno a 210 °C. ▸ Ponemos en la rejilla inferior del horno una bandeja con papel de aluminio para recoger el líquido que caiga. ▸ Metemos la tarta al horno. Pasados 20 min, bajamos la temperatura a 190 °C y horneamos durante 30 min más. ▸ Dejamos reposar la tarta unas horas antes de cortarla para que se asienten bien los líquidos. ▸ Está deliciosa sola, pero podemos acompañarla con nata montada o helado de vainilla.

TWIN PEAKS

1x02 «Traces to Nowhere»

Un pueblo extraño, un asesinato y un agente del FBI que llega para ayudar a resolver el crimen. A estas alturas, todos sabemos que la historia del agente Dale Cooper en *Twin Peaks* terminará siendo más complicada que todo eso; y también sabemos lo mucho que le gusta la tarta de cerezas de la zona. En el 1x01 menciona (en 2 ocasiones) haber comido una deliciosa de camino al pueblo, en Lamplighter Inn, pero no es hasta este episodio en el que vemos cómo disfruta de la tarta, en este caso del Double-R. De hecho, disfruta tanto que, nada más probarla, pide otros dos trozos para el asombro del Sheriff. Sí que debe de tener el metabolismo de un abejorro, sí.

CROSSOVER

A la gente extraña, malvada o criminal le gusta la tarta de cerezas, o eso parece: a Blackbeard, que no está de acuerdo con Luffy sobre el sabor de nada (*One Piece* 146); a Juice, que solo quiere terminarla en la cárcel antes de que ocurra lo inevitable (*Sons of Anarchy* 7x12); al hombre obsesionado que encontramos durante todo el episodio 2x11 de *Monk*; a Crazy Eyes que da su tarta por Piper (*Orange is the New Black* 1x03); o a la ancianita que la compra en la hamburguesería donde trabaja Buffy (*Buffy the Vampire Slayer* 6x12).

CURIOSIDADES

A Dean de *Supernatural* imaginamos que también le gusta porque durante toda la serie está obsesionado con las tartas de todo tipo (por lo que se ve en el 5x16, puede que tenga que ver con su niñez). Explícitamente, nunca come tarta de cerezas, aunque la del 5x15 lo parece. La *cherry pie* que sabemos seguro que le gusta es la de la canción del grupo *Warrant*.

PLACERES CULPABLES

Esta serie es tan mala… Le pide tan poco a mi cerebro… Está tan mal hecha… ¡Pero cómo disfruto viéndola! «Placeres culpables», así llama la gente a esas cosas que disfrutamos, aunque los demás digan que no son buenas. Nosotros no creemos en ellos, si te gusta algo, te gusta, no tienes que sentirte culpable. Ahora, si hablamos de comida…

Costillas de Freddy's

Ingredientes

Para la salsa barbacoa
- ½ taza de whisky
- ⅓ taza vinagre de sidra
- 1 ½ tazas de caldo de pollo
- 1 cucharada de kétchup
- 1 taza de miel
- 2 cucharadas de salsa Perrins
- 2 cucharadas de mostaza
- ½ taza de azúcar moreno
- ½ cucharadita de café molido
- 1 cucharada de tomate concentrado
- 2 cucharadas de aceite de girasol
- 1 cucharada de cebolla en polvo
- 1 cucharada de ajo en polvo
- 5 cucharaditas de pimentón
- 1 cucharadita de sal
- ¾ cucharadita de cayena molida

Para las costillas
- 2 kg de costillar de cerdo
- ¼ taza de azúcar moreno
- 3 cucharadas de pimentón
- 2 cucharaditas de pimienta negra molida
- 2 cucharaditas de sal
- ½ cucharadita de cayena molida
- ½ cucharadita de comino

 Tiempo de preparación: **225 min** Miniserie
★Tiempo extra + **8-24 horas nevera** ★**8 personas**

Preparación:

▶ La noche anterior, mezclamos las especias para las costillas y las untamos bien por todos los lados. ▶ Tapamos y dejamos refrigerando (pueden estar un día entero). ▶ Para la salsa, ponemos todos los ingredientes en una cazuela y la llevamos a ebullición. ▶ Bajamos a fuego medio y dejamos reducir durante 1 hora y media. ▶ Cuando falte media hora para acabar la salsa, precalentamos el horno a 180 ºC y metemos las costillas especiadas tapadas con papel de aluminio. ▶ Pasados 45 min, pintamos bien la superficie de las costillas con la salsa, tapamos nuevamente y dejamos asar 1 hora y media, o hasta que estén tiernas y se desprendan fácilmente del hueso. ▶ 10 min antes de sacarlas del horno, las pintamos con la salsa y las dejamos cocinar destapadas. ▶ Repetimos el proceso 2 o 3 veces. ▶ Cortamos las costillas y las servimos acompañadas con la salsa para que podamos mojar al gusto.

HOUSE OF CARDS (2013)

1x01 «Chapter 1»

Ser un implacable y maquiavélico congresista americano es un trabajo a tiempo completo; es normal que Frank Underwood tenga sus pasiones y sus placeres culpables. Su placer culpable son las costillas, incluso a las 7:30 de la mañana. Freddy abre en ocasiones su pequeño restaurante solo para que Frank se coma su plato de costillas. Seguro que no solo le gustan porque están muy buenas, también le harán pensar en lo lejos que ha llegado desde que salió de Carolina del Sur y, le recuerda a su tierra (donde, dice, comerse un costillar es un lujo). A nosotros nos costaría comer costillas tan temprano, y más repetir, como Frank, pero la verdad es que no tenemos su estómago (para muchas cosas).

CROSSOVER
Este es un plato para comer con las manos y mancharse, eso es así. No hay más que ver a Alex en el 1x05 o el 2x16 de *Happy Endings*. También es un plato del que, como Frank, puedes repetir o, incluso, comer hasta reventar, como hacen Sam, Bill y Neal cuando invitan a Maureen a una cena en The Iron Horse (*Freaks and Geeks* 1x07). Pero puede ser ese plato que te elude y que deseas con todas tus fuerzas, y eso le pasaba a Hawkeye en el 3x11 de *M*A*S*H*, algo normal teniendo en cuenta

CURIOSIDADES
En los EE.UU. hay tantas formas de hacer barbacoa como estados. De la base a las especias, pasando por el marinado. Nosotros hemos elegido hacer la salsa al estilo de Carolina del Sur, el lugar de nacimiento de Frank, pero los sabores serían muy diferentes si hubiéramos elegido el estilo de Memphis, Tennessee (donde Raylan dice que ha ido, entre otras cosas, por las costillas en el 5x09 de *Justified*) o el del estado de Washington (allí está el Great Northern, donde en el 2x08 de *Twin Peaks* vemos a Henry comiendo costillas con bastante gusto).

Fondue de queso

Ingredientes

- 2 tazas de queso gruyer rallado
- 1 ½ tazas de queso emmental rallado
- 2 cucharadas de maicena
- 1 taza de vino blanco seco
- 1 cucharada de zumo de limón
- 2 cucharadas de *kirsch*
- ½ cucharada de mostaza en polvo
- Una pizca de nuez moscada rallada
- 1 diente de ajo pelado
- Panes variados y/o verduras al vapor

 Tiempo de preparación: **25 min** Comedia ⋆**2 personas**

Preparación:

▶ Mezclamos los quesos con la maicena y reservamos. ▶ Untamos el interior de la cazuela de fondue con el diente de ajo. ▶ Si no tenemos una, podemos usar una cazuela normal antiadherente y llevarla a la mesa muy caliente para comer enseguida. ▶ A fuego medio, calentamos el vino y el zumo de limón hasta que empiecen a hervir. ▶ Añadimos la mezcla de quesos y maicena poco a poco, removiendo constantemente y esperando a que se derrita antes de añadir más. ▶ Cuando se haya fundido todo el queso y tengamos una crema suave, incorporamos el Kirsch, la mostaza en polvo y la nuez moscada. ▶ Servimos inmediatamente y mantenemos caliente en la mesa. ▶ Para acompañar, podemos preparar una bandeja con diferentes tipos de panes, manzana, carnes variadas o verduras troceadas al vapor, como brócoli, coliflor, zanahorias o espárragos.

MAD MEN

6x02 «The Doorway, Part 2»

La cena de Nochevieja en la casa de Don y Megan es muy elegante y moderna, con fondue de queso para empezar, fondue de chocolate de postre y licores varios que hacen que la velada con los vecinos se pase tan rápido (aunque haya sesión de fotos de las vacaciones) que te olvides de que ha empezado un año nuevo. Megan ya nos ha demostrado varias veces sus conocimientos de cocina, aquí no es una excepción y nos da dos secretos para poder hacer la fondue de queso más sabrosa: untar la cazuela con ajo y echar doble de *kirschwasser* (licor de cereza alemán). Lo último también es el secreto para que la velada sea aún más divertida.

CROSSOVER

A Brittany de *Glee* le gusta tanto este plato que tiene un programa en Internet, *Fondue For Two* (que vemos por primera vez en el 2x19), en el que entrevista a gente con una fondue en la mesa (y sus gatos). También parece que le gusta a la gente del planeta Rigel 7, porque después de que la familia Simpson acabe allí, tienen que elegir a uno de ellos para sacrificar como comida (Homer, claro) y en la ceremonia le sumergen en una fondue de queso picante (*The Simpsons* 26x10). Y, que quede claro, es más complicado de lo que parece que quede bien, aunque Mr. Big diga lo contrario, Carrie sí había cocinado (*Sex and the City* 2x06).

ESCENAS ELIMINADAS

A lo largo de su emisión, *Mad Men* tiene muchos momentos en los que la comida está presente. En este mismo episodio hay varios, pero destacamos el plato más diferente: el *gulash* que Betty ayuda a preparar a los jóvenes que viven de okupas en un edificio abandonado de Greenwich Village. Es un estofado húngaro que tradicionalmente se preparaba con carne de caballo, cebollas, pimientos y pimentón.

Pollo a la Kiev

Ingredientes

- 4 medias pechugas de pollo
- 2 huevos batidos
- ¾ taza de harina
- Pan rallado
- Sal y pimienta

Para el relleno

- 8 cucharadas de mantequilla
- 1 diente de ajo picado
- 1 cucharada de zumo de limón
- 2 cucharadas de perejil picado
- ½ cucharadita de sal
- ½ cucharadita de pimienta

 Tiempo de preparación: **45 min** Drama ✶**4 personas**

Preparación:

▸ Mezclamos la mantequilla a temperatura ambiente con el resto de ingredientes y majamos bien con un tenedor hasta que esté todo integrado. ▸ Ponemos en papel film formando un cilindro, guardamos en el congelador y dejamos que se solidifique mientras preparamos el pollo. ▸ Ponemos las pechugas entre papel film y las aplanamos con el rodillo hasta reducir su grosor a 1 cm aproximadamente, dejándolas más finas en los extremos para poder cerrarlas con más facilidad. ▸ Salpimentamos. ▸ Sacamos la mantequilla y la dividimos en 4 partes. ▸ Ponemos una porción de mantequilla en el centro de cada pechuga y las cerramos bien formando paquetes. ▸ Precalentamos el horno a 175 °C. ▸ Calentamos aceite en una cazuela a fuego medio, el suficiente para cubrir la mitad de una pechuga al freírla. ▸ Disponemos la harina, el huevo batido y el pan rallado en 3 platos separados y rebozamos las pechugas siguiendo ese orden. ▸ Freímos 4 min por cada lado y finalmente las horneamos durante 18 min. ▸ Secamos sobre papel absorbente y servimos. ▸ Tendremos cuidado al realizar el primer corte porque puede salpicar.

ORANGE IS THE NEW BLACK
1x05 «The Chickening»

Cuando Piper ve una gallina en el patio de la cárcel, se desata la locura, especialmente la de Red, que dice que la vio en un sueño con una chistera, aliñada con hierbas, y le dijo que pronto estarían juntas. Por fin podría volver a comer pollo a la Kiev de verdad, no ese pollo procesado con pinta de disco de hockey y sabor a papel mojado. Además, se podría comer a la gallina más inteligente y absorber su poder. La gallina estaba allí, pero nadie la encontró, así que el pollo a la Kiev se quedó en los sueños de Galina Reznikov.

CROSSOVER

En el 4x01 de *Mad Men*, Don Draper termina en una cita con Bethany Van Nuys, amiga de Jane (la mujer de Roger), cuando Roger hace una reserva en Jimmy's La Grange a su nombre sin darle tiempo a decir que no. Eso sí, le avisa de que sirven pollo a la Kiev y la mantequilla chorrea por todas partes. En la cita, en cuanto llega el camarero, a Bethany no le hace falta mirar la carta y aunque, como dice Don, te hacen poner un babero, para ella no hay otra elección posible. Y *The New York Times* le dio la razón en 1965 en su reseña: «En la primera visita, pollo a la Kiev es casi obligado, y está muy bueno». Nosotros no vamos a llevarles la contraria.

CURIOSIDADES

En el 4x23 de *Friends*, Emily se queja de que han llamado del catering de la boda y en vez de pollo al estragón, pondrán pollo a la Kiev, lo que, dentro de los problemas que había con la boda, la verdad, parece algo insignificante. Curiosamente, en el 5x01 se ve a los invitados comiendo, pero el pollo a la Kiev no está por ningún lado. Una celebración donde sí lo encontramos es en la Nochevieja del 4x11 de *Modern Family*.

Fries Quatro Quesos Dos Fritos

Ingredientes

- 6 patatas pequeñas y redondas
- 1 taza de queso cheddar rallado
- ⅓ taza de harina
- 1 huevo
- ½ taza de pan rallado
- ¼ cucharadita de cayena molida
- Aceite para freír
- Sal y pimienta
- 2 lonchas de bacon tostadas

Para la salsa

- 1 taza de crema agria
- 1 cebolleta picada
- ¼ cucharadita de cayena molida

 Tiempo de preparación: **45 min** Drama ✶**6 raciones**

Preparación:

▸ Lavamos las patatas, las cortamos por la mitad a lo largo y sacamos carne de cada mitad con un sacabolas. ▸ Sazonamos con sal y pimienta y rellenamos bien cada agujero con queso rallado. ▸ Unimos las mitades de patatas y las aseguramos con unos palillos. ▸ Calentamos abundante aceite en una cazuela y freímos las patatas durante 8-10 min, o hasta que estén blandas. ▸ Sacamos sobre papel absorbente y retiramos los palillos. ▸ Mientras se enfrían, preparamos la salsa, para lo cual simplemente mezclamos todos los ingredientes. ▸ Disponemos la harina, el huevo batido y el pan rallado en tres platos. ▸ Los sazonamos todos con sal y pimienta y añadimos también un poco de cayena molida en el pan rallado. ▸ Pasamos las patatas por la harina, el huevo y el pan rallado y las freímos en aceite caliente unos 2 min, hasta que estén doradas. ▸ Servimos con la salsa y un poco de bacon tostado picado por encima.

PSYCH

3x14 «Truer Lies»

A «*Lyin*» Ryan (sobrenombre ganado a pulso por ser un mentiroso compulsivo) nadie le cree y, cuando Lassiter y el resto de la policía van a desestimar sus declaraciones y acusarle de asesinato, Shawn ve que esta vez está diciendo la verdad. Para comprobar su historia, lo primero que tienen que hacer es confirmar que existe ese plato llamado *Fries Quatro Quesos Dos Fritos*. Y lo confirman asombrados. Más adelante, le llevan unas a la jefa de policía como disculpa y le dicen que saben mejor de lo que aparentan (y que no aguantan muy bien el transporte). Totalmente cierto.

CROSSOVER

Nada hay parecido a este plato en ningún lado. Los que más nos recuerdan a la mezcla de patatas fritas y queso son las *cheese fries* y las *chili cheese fries*. Patatas y queso son una buena combinación, de esas que te hacen sentir culpable, y así lo demuestra Hanna en el 3x06 de *Pretty Little Liars* al negarle a Spencer la posibilidad de compartirlas. Si le añades picante al plato, tienes aún más decadencia, o así parece sentirse Oliver cuando le encuentra Diggle en el Big Belly Burger (*Arrow* 1x08). Las *chili cheese fries* le encantan, por cierto, a Penny, y decirlo le viene muy bien a Leonard para meterle una pullita en el 3x19 de *The Big Bang Theory*.

ESCENAS ELIMINADAS

Durante el 8x07, investigando la muerte del propietario de su *food truck* preferido (el Macho Taco Truck), Shawn y Gus se infiltran en ese mundillo con su propio camión: Mash & Grab. En su menú (porque no podían no tenerlo), hay platos que fusionan otros ya conocidos: *Ice cream jerky, White meat drumsticks, Pork-tarts, Fruit loop quesadilla, Chicken-fried Skittles PB&J, Thanksgiving ball, Deep-fried Splenda balls…* Una locura tras otra.

Mac 'n' cheese

Ingredientes

- 400 g de macarrones
- ¼ puerro cortado fino
- 1 loncha de panceta
- ½ taza de mantequilla
- 6 cucharadas de harina
- 4 cucharadas de leche
- ¾ taza de nata para montar
- 4 tazas de queso cheddar rallado
- 1 taza de queso gruyer
- 1 ½ tazas de queso parmesano
- 2 cucharaditas de sal
- ½ cucharadita de pimienta blanca
- 1 ½ cucharaditas de mostaza en polvo
- Una pizca de nuez moscada

Para el gratinado

- 1 cucharada de mantequilla
- 1 cucharada de aceite de oliva
- 1 taza de *panko* o pan rallado
- 1 diente de ajo picado
- ¼ taza de queso parmesano
- ¼ cucharadita de sal

 Tiempo de preparación: **45 min** Drama ⋆**6 personas**

Preparación:

▶ Precalentamos el horno a 200 ºC. ▶ En una sartén, cocinamos el aceite y la mantequilla hasta que desaparezca la espuma, añadimos el *panko* y el ajo y rehogamos unos 5 min hasta que esté dorado. ▶ Echamos esta mezcla en un bol, añadimos el queso parmesano y la sal y reservamos ▶ Preparamos los macarrones al dente, los escurrimos y reservamos. ▶ Cocinamos la panceta en trocitos hasta que esté dorada y reservamos. ▶ En la misma sartén, añadimos una cucharada de aceite de oliva y pochamos el puerro. ▶ Reservamos. ▶ Por último, hacemos la salsa. ▶ En una cazuela, derretimos la mantequilla, añadimos la harina y la cocinamos hasta que adquiera un color dorado ligero. ▶ Incorporamos poco a poco la leche y la nata (a temperatura ambiente) sin dejar de remover hasta que se forme una bechamel. ▶ Añadimos sal, pimienta, mostaza en polvo y la nuez moscada. ▶ Luego, incorporamos los quesos poco a poco hasta que esté todo bien integrado. ▶ Añadimos el puerro y la panceta, retiramos del fuego, mezclamos bien con los macarrones y los ponemos en un molde untado con mantequilla. ▶ Ponemos por encima la mezcla para el gratinado y horneamos hasta que burbujee un poco y la superficie esté dorada, aproximadamente unos 20 min. ▶ Dejamos enfriar 15 min antes de comer.

BONES

2x20 «The Glowing in the Old Stone House»

La víctima de este episodio es Carly, la cocinera de un restaurante famoso por su *Mac 'n' cheese* en el que parece imposible conseguir reserva. Brennan ha comido allí varias veces y Carly había prometido enseñarle el secreto de la cocina más allá de los conceptos teóricos: cocinar es una forma de amar. Al final, Brennan demuestra haber aprendido ese secreto en una bonita escena en la que le sirve a Booth el que es su plato favorito: *Mac 'n' cheese*. Lo prepara ella misma, tal como lo había probado en el restaurante: con puerros, unos trocitos de panceta y un poco de nuez moscada recién rallada.

CROSSOVER

Mac 'n' cheese no solo es el nombre de la serie de cable en la que Joey tiene el papel protagonista, también es el primer plato que cocina Monica para Chandler, como vemos en el *flashback* del episodio 5x08 de *Friends*. Y, por si esto no fuera suficientemente importante, los cumplidos de Chandler al plato y la sugerencia de que debería ser cocinera son el origen de la idea que termina convirtiendo a Monica en chef.

ESCENAS ELIMINADAS

La comida tiene sus momentos de importancia en *Bones* habitualmente, ya sea en el restaurante favorito de Booth (que solo se ve en la primera temporada), Wong Fu's, al que lleva a todos sus nuevos compañeros del Jeffersonian en el 1x03; o también en el Royal Diner, el sitio donde se suelen reunir los protagonistas (y cuyo cocinero fue sospechoso de asesinato en la trama del episodio 10x16). Para más comida, aunque no muy agradable, también encontramos los dedos de una víctima como si fueran *nuggets* de pollo en el 5x06.

Chimichanga

Ingredientes

- 250 g de carne de ternera picada
- ½ lata de frijoles refritos
- 1 cebolla roja picada
- 1 cucharadita de cayena molida
- ½ cucharadita de ajo picado
- ¼ cucharadita de comino molido
- 200 g de tomate triturado
- 1 taza de queso cheddar rallado
- 6 tortillas de trigo
- Sal y aceite para freír

Para la salsa
- 2 cucharadas de jalapeños picados
- 1 chile rojo picado
- 1 cucharada de miel
- 200 g de tomate triturado
- ¼ taza de mozzarella rallada

 Tiempo de preparación: **35 min** Dramedia ✳**6 personas**

Preparación:

▶ En una sartén a fuego medio rehogamos la cebolla. ▶ Cuando esté transparente, añadimos la carne picada con las especias y la salteamos hasta que coja color. ▶ Agregamos la mitad del tomate con los frijoles y salpimentamos. ▶ Para la salsa, añadimos en una cazuela a fuego medio el resto del tomate, los jalapeños, el chile, la miel y sazonamos con sal al gusto. ▶ Dejamos cocer 10 min. ▶ Para montar las chimichangas, ponemos en cada tortilla ⅓ taza de carne picada, formamos un paquete y cerramos bien con la ayuda de unos palillos. ▶ Las freímos en aceite caliente 1 min por cada lado aproximadamente, hasta que estén doradas. ▶ Sacamos sobre papel absorbente y retiramos los palillos. ▶ Para servirlas, las bañamos con la salsa y espolvoreamos queso cheddar rallado.

I'TS ALWAYS SUNNY IN PHILADELPHIA 7x01 «Frank's Pretty Woman»

Al comienzo de la séptima temporada de la serie, Mac pesa 23 kilos más de pura grasa (o masa, como dice él) y es más desagradable que nunca. Y hasta el episodio 7x10, no sabemos por qué el personaje ha engordado tanto. En el primer episodio de la temporada, lo observamos yendo a todos lados con una bolsa de basura llena de chimichangas e, incluso, en una escena, comiéndolas al mismo tiempo que se inyecta insulina para la diabetes de tipo 2 que ha contraído. El personaje es repugnante, sí, pero las chimichangas, tiene razón, son deliciosas (aunque mejor con moderación).

CROSSOVER
Una de las cosas llamativas de este plato es, no podemos negarlo, su nombre. Como dicen en el 3x19 de *Two and a Half Men*, es gracioso decirlo. Incluso, por su sonoridad, te puede valer, como a Lily y Marshall, como palabra código (*How I Met Your Mother* 4x01). También funciona para poner en una canción sobre comerlas o para poner en una gorra, cosa que hacen Mordecai y Rigby en el 5x05 de *Regular Show*.

CURIOSIDADES
Rob McElhenney, el actor que interpreta a Mac (y uno de los creadores de la serie), dice que estaba viendo una popular y exitosa comedia, cuando se dio cuenta de que los personajes tenían mejor pinta según pasaban los años y decidió que, si iba a haber una serie en la que pasara lo contrario y tuviera sentido, sería la suya. Engordar 23 kilos no fue tarea fácil por su metabolismo, y tuvo que consumir unas 5000 calorías diarias, lo que no siempre era sencillo. Pensó en engordar más, pero los médicos no se lo aconsejaron. Todo por amor al arte.

Meatball sub

Ingredientes

- 1 barra de pan tipo baguette
- Queso mozzarella rallado
- Albahaca fresca
- Salsa *marinara* (pág. 148)

Para las albóndigas

- 400 g de carne de ternera picada
- ½ taza de pan rallado estilo italiano (pág. 32)
- ½ cucharadita de sal
- ¼ cucharadita de salsa Perrins
- 1 cucharada de kétchup
- ¼ taza de caldo de carne
- 1 huevo
- 1 cebolla pequeña
- 1 diente de ajo picado
- Perejil picado
- ½ taza de harina

 Tiempo de preparación: **25 min** Comedia

Preparación:

▸ Picamos la cebolla muy fina y la pochamos con un poco de aceite hasta que esté blanda. ▸ Retiramos el exceso de grasa y reservamos. ▸ En un bol mezclamos la carne con el resto de ingredientes y añadimos la cebolla. ▸ Formamos las albóndigas con la mano, las pasamos por harina, las freímos en una sartén con aceite y al sacarlas las ponemos sobre papel absorbente. ▸ Al momento de preparar el bocadillo, las cocemos con la salsa *marinara* durante unos 10 min. ▸ Abrimos la barra de pan por la mitad, ponemos las albóndigas con salsa y por encima añadimos un poco de mozzarella y albahaca fresca cortada a mano.

FRIENDS

5x20 «The One with Ride Along»

Es de dominio público el amor de Joey por los bocadillos, pero en este episodio, descubrimos lo que el actor de Queens está dispuesto a hacer por ellos. Gary, el novio de Phoebe, que es policía, lleva a Ross, Chandler y Joey durante una de sus patrullas nocturnas. En cierto momento, Joey hace una parada técnica para comprar este bocadillo (del sitio que hace los mejores en su opinión). Después ocurre el momento clave: un ruido que parece un disparo y Joey que parece proteger a Ross del peligro lo convierten en un héroe. Pero al final la verdad sale a la luz: lo que estaba protegiendo era su amado bocadillo de albóndigas con salsa *marinara* y queso derretido.

CROSSOVER

Este bocadillo hay que comerlo sin miedo a mancharse, porque va a ocurrir, como a Barney en el 6x20 de *How I Met Your Mother*... Aunque es mejor no reaccionar tan vengativamente como él si alguien se ríe de nosotros por ello. Solo hay que pensar que el bocadillo podría ser más peligroso (y grande) aún, como el que vemos en el 4x13 de *Regular Show*, el *Death Sandwich*.

CURIOSIDADES

Meter albóndigas en un bocadillo puede no ser lo primero que os venga a la mente. Algo más habitual es usarlas en otro mítico plato italoamericano: *spaghetti and meatballs*. Y en las series hay ejemplos de sobra de que es algo habitual. Como en el 2x07 *Mad Men*, cuando Ken es invitado a comer en casa de Salvatore; o el 3x02 de *Boardwalk Empire*, donde Gyp encuentra el plato por sorpresa en un *diner*; también descubrimos que es el plato favorito de personajes como Archer (*Archer*, 3x08) o Pacey (*Dawson's Creek*, 4x12). Un clásico que, como nos dicen en el 6x21 de *Gilmore Girls*, puede ser demasiado «excitante».

Chicken and waffles

Ingredientes

Para los gofres
- ½ taza de harina de trigo
- ½ taza de harina de maíz
- ½ cucharadita de sal
- ⅓ taza de azúcar
- ¾ cucharada de polvo de hornear
- 2 huevos
- ¾ taza de leche
- 2 cucharadas de mantequilla derretida

Para el pollo frito
- 2 muslos y 2 contramuslos de pollo
- 1 taza de harina
- 1 cucharadita de cayena molida
- 1 cucharadita de pimentón
- ½ cucharadita de sal
- Aceite para freír
- 1 taza de mantequilla para freír

Tiempo de preparación: **35 min** Dramedia ⋆**2 raciones**

Preparación:

▶ Precalentamos el horno a 200 °C y salpimentamos el pollo. ▶ Combinamos la harina con la pimienta, el pimentón y la sal, ponemos la mezcla en una bolsa; metemos el pollo y agitamos, para que quede cubierto, pero sin excesos. ▶ Lo horneamos 20 min. ▶ Mientras tanto, hacemos los gofres y empezamos separando las claras de las yemas. ▶ En un bol, mezclamos las harinas, la sal, el azúcar y el polvo de hornear. ▶ En otro bol, mezclamos las yemas de huevo, la leche y la mantequilla e incorporamos los ingredientes secos. ▶ Aparte, batimos las claras a punto de nieve y las añadimos a la mezcla anterior con movimientos envolventes. ▶ Echamos la masa en la gofrera hasta que estén dorados y crujientes. ▶ Cuando saquemos el pollo del horno, lo freímos en abundante aceite y mantequilla calientes, unos 4 min por cada lado hasta que esté crujiente. ▶ Servimos el pollo frito con los gofres y, como salsa, sugerimos sirope de arce o miel mezclada con limón y tomillo fresco.

MILDRED PIERCE

1x03 «Pert 3»

Esta serie nos cuenta la historia de una mujer que durante la Gran Depresión americana intenta sacar adelante a su hija después de separarse de su marido, primero trabajando de camarera y después abriendo su propio restaurante especializado en este plato (por cierto, «Pollo y gofres» no tiene la misma sonoridad). En la tercera parte de la miniserie de 5 episodios, vemos a la protagonista el primer día de apertura del restaurante y somos testigos del proceso en la cocina. Hemos intentado cocinar la receta como Mildred la hubiera hecho en los años 30 y estamos seguros de que nos hubiéramos pasado por allí a comer.

CROSSOVER
Si buscáis a alguien comiendo este plato en una serie, lo encontraréis, pero la verdad es que no es tan habitual. Un ejemplo, Dar Adul en el 2x10 de *Homeland* está comiéndolo cuando Saul entra en la cafetería. Si dejamos a un lado el pollo y nos centramos en los gofres, tenemos más ejemplos: en el *Heroes* 3x04 hay tensión y gofres en la cocina; en el 8x20 de *Full House*, Michelle tiene unas altas expectativas para su desayuno, que incluye gofres belgas; y en el 2x16 de *Happy Endings*, Penny no puede resistir más tiempo con su dieta y se pone morada con ellos en secreto.

CURIOSIDADES
Leslie Knope de *Parks and Recreation* debe ser la mayor admiradora de los gofres del mundo (real y ficticio). De hecho, en el 3x02 el dueño de JJ's Diner le dice que es su cliente preferido porque se gastó más de mil dólares en ellos el año anterior. Alguien con mucho tiempo y una buena idea de cómo usarlo, calculó que Leslie se comía entre 4 y 7 gofres a la semana, lo que nos encaja bastante para alguien que ha instaurado un día especialmente dedicado al plato (5x19).

PARA MARATONES

Maratones, atracones o, como se dice al otro lado del charco, hacer *binge-watching*, es una forma de vida, una que requiere mucho tiempo libre o un día dedicado exclusivamente a ver una serie. Y, claro, cuando nos ponemos, empezamos por la mañana y no sabemos cuándo vamos a parar, así que lo mejor es desayunar bien y levantarnos del sofá lo menos posible. Por algo llaman al desayuno la comida más importante del día.

Huevos con bacon y hash browns

Ingredientes

- 2 patatas medianas
- 2 huevos
- 5 lonchas de bacon
- Aceite de oliva
- Sal y pimienta

 Tiempo de preparación: **25 min** Comedia ★ **I plato**

Preparación:

▸ Pelamos las patatas, las rallamos y las lavamos varias veces bajo el grifo hasta que el agua salga limpia. ▸ Apretamos bien entre las manos para eliminar el exceso de líquido. ▸ Calentamos una sartén antiadherente untada con aceite a fuego medio y echamos la patata rallada, formando una especie de tortilla de I cm de grosor. ▸ Comprobamos que esté dorada por la parte de abajo antes de darle la vuelta (si se rompe, no pasa nada, la giramos por trozos), tardará en hacerse aproximadamente 5 min por cada lado. ▸ Quedará crujiente por fuera y tierna por dentro. ▸ Salpimentamos al gusto y servimos con huevos fritos y lonchas de bacon tostadas.

BREAKING BAD

5x01 «Live Free or Die»

Cualquier persona de EE.UU. sabe que Denny's es una de las cadenas de restaurantes de referencia para desayunar. En este episodio, vemos a un Walter White (o Mr. Lambert) con pelo, celebrar su 52 cumpleaños solo, sentado en la barra. Al final, los «negocios» se interponen entre Walter y la comida más importante del día, pone un billete de 100 $ debajo del plato (una gran propina para Lucy) y se va sin comer nada. Lo único que hace es cortar su bacon para formar un 52, sin duda, recordando tiempos mejores.

CURIOSIDADES

Denny's tiene más de 1600 restaurantes en 15 países y está siempre abierto, festivos y noches (excepto cuando la ley lo prohíbe). Nació en 1959 y empezó a abrir franquicias en 1963. El desayuno que pide Walt no está en el menú como tal, pero puedes personalizar el pedido. Los más parecidos son el *Lumberjack Slam* (que tiene además 2 salchichas y una loncha de jamón), el *Blueberry Pancake Breakfast* (que añade *pancakes*) y el *French Toast Slugger* (que sustituye las tostadas normales por *french toast*).

ESCENAS ELIMINADAS

Uno de los elementos recurrentes, y que hace la delicia de los fans, es el hecho de que Walter Jr. (o Flynn) aparece en muchos episodios desayunando. Ya sea algo parecido a su padre en el episodio que nos ocupa (1x01, 1x02, 2x10, 5x04…), cereales (2x07, 4x02, 4x06, 5x02…), ensalada de fruta (1x06, 2x04…), gofres (3x01)… Desde luego, él sí se toma en serio esta comida. Por cierto, el ritual del «bacon numérico» lo vemos también cuando Walt cumple 50 (1x01) y 51 (5x04) años. Las tradiciones son las tradiciones, aunque sean, como en el caso del 50 cumpleaños, con bacon vegetariano.

PARA MARATONES

Croque-monsieur

Ingredientes

- 4 rebanadas de pan de molde
- 3 ¼ cucharadas de mantequilla
- I cucharada de harina
- ½ taza de leche
- 80 g de queso gruyer rallado
- I cucharada de mostaza Dijon
- 4 lonchas finas de jamón
- Nuez moscada rallada

 Tiempo de preparación: **25 min** Comedia ★**2 raciones**

Preparación:

▸ Precalentamos el grill del horno a 220 ºC. ▸ Derretimos la mantequilla en una sartén y tostamos allí las rebanadas de pan por uno de sus lados. ▸ En la misma sartén, echamos la harina y la mezclamos con la mantequilla restante, removemos durante un min y añadimos poco a poco la leche hasta que se integre todo. ▸ Dejamos hervir lentamente hasta que espese, retiramos del fuego y añadimos un tercio del queso rallado, removiendo hasta que se funda. ▸ Le rallamos una pizca de nuez moscada y reservamos. ▸ Untamos la parte sin tostar del pan con la mostaza, ponemos lonchas de jamón sobre dos de ellas y encima el queso restante. ▸ Calentamos bajo el grill del horno hasta que el queso se funda. ▸ Sacamos del horno, tapamos con las otras rebanadas de pan, hacemos presión hacia abajo y las ponemos en una fuente. ▸ Cubrimos con la salsa bechamel y ponemos nuevamente al grill, unos 5 min, hasta que se dore y empiece a burbujear. ▸ Servimos inmediatamente.

BROOKLYN NINE-NINE

2x09 «The Road Trip»

El aniversario del capitán Holt y su pareja, Kevin, se acerca y quiere prepararle un desayuno especial, así que pide ayuda al *foodie* residente de la estación, Charles. Pese a todos los intentos del último por inculcarle el amor por la comida y encontrar el componente emocional, o incluso enseñarle a hacer una tortilla, Holt abandona. Al final del episodio, vemos que el serio capitán leyó los blogs culinarios de Charles y aprendió algo. Como resultado, preparó a su pareja un *croque-monsieur*, que fue lo que compartieron en una lluviosa tarde en París, por su primer aniversario. Encima, está exquisito: Holt tiene un talento natural para la cocina que nunca, creemos, llegará a explorar del todo.

CROSSOVER

El primer obstáculo con el que alguien se puede encontrar con este plato es pronunciarlo, o por lo menos eso parece por lo que dice Caroline en el 1x07 de *2 Broke Girls*: sabe que unos clientes son inteligentes porque piden el plato bien en vez de llamarlo «crock monster». Igual son cosas de su clientela. Quien no tiene problema para pronunciar el nombre, sino otros mucho más graves, es el Dr. Thredson, y este plato es el que prepara a su prisionera en el 2x06 de *American Horror Story*. Por cierto, por lo que dice Blair en el 5x18 de *Gossip Girl*, marida muy bien con whisky japonés. Las cosas que aprendemos.

CURIOSIDADES

La variación más famosa de este plato es el *croque-madame*, que básicamente es lo mismo, pero con un huevo frito encima (a lo que no nos oponemos). Esta versión también la encontramos en una serie, concretamente en el 3x08 de *Orange is the New Black*. En un *flashback* vemos a Alex, Aydin y Fahri escondidos de Kubra en una habitación de hotel cuando llaman a la puerta. Todos están muy asustados, pero resulta ser el servicio de habitaciones: Fahri había pedido un *croque-madame*.

PARA MARATONES

Bagels

Ingredientes

- 2 cucharaditas de levadura en polvo
- 1 ½ cucharadas de azúcar
- 1 ¼ tazas de agua tibia
- 3 ½ tazas de harina de fuerza
- 1 ½ cucharaditas de sal

 Tiempo de preparación: **95 min** TV movie ✳Tiempo extra + **90' fermentación** ✳**8 unidades**

Preparación:

▶ Sin remover, ponemos la levadura y el azúcar en media taza de agua tibia. ▶ Pasados 5 min, removemos hasta que todo se disuelva en el agua. ▶ Mezclamos la harina y la sal en otro bol, hacemos un hoyo y vertemos el preparado anterior. ▶ Añadimos la mitad del agua tibia restante, mezclamos y echamos el resto del agua si hiciera falta: lo que buscamos es una masa firme. ▶ Amasamos 10 min en una superficie enharinada hasta conseguir una masa suave y elástica. ▶ Engrasamos un bol grande y dejamos fermentar la masa cubierta con un paño de cocina durante 90 min, hasta que haya duplicado su volumen. ▶ Dividimos la masa en 8 porciones, les damos forma de bola y trabajamos cada una hasta aplanarlas. ▶ Con el dedo, hacemos un agujero de 2 cm de diámetro en el centro de cada *bagel*. ▶ Los dejamos reposar 10 min tapados con un paño en una lámina de silicona y precalentamos el horno a 220 °C. ▶ Ponemos agua en una cazuela, cuando hierva, bajamos el fuego y con una espumadera introducimos hasta el fondo un *bagel* (en dos segundos estará flotando), lo dejamos dos min por cada lado y hacemos lo mismo con los demás. Los pintamos con huevo batido y, si queremos, espolvoreamos con semillas de sésamo, queso o hierbas. ▶ Los horneamos durante 20 min, hasta que estén dorados.

THE O.C.

2x07 «The Family Ties»

Marissa Cooper no ha tenido un buen día: después del terrible año que ha pasado, en gran parte por sus progenitores (juicios, divorcios, nueva relaciones…), su padre decide marcharse a Maui, dejándola aún más abandonada. Su aparición en la fiesta de despedida de Jimmy, completamente borracha, deja claro que su vida no está en el mejor momento. Al final del episodio, decide que una sesión de ambiente familiar y acogedor puede ayudarla a no sentirse desamparada: aparece en casa de los Cohen con *bagels* para desayunar y, mientras Sandy explica el secreto de cómo untar el queso crema, suponemos, se olvida un poco de sus problemas.

CROSSOVER

Nadie pensaba que Kramer hubiera trabajado en su vida, pero resulta que tiene un trabajo (aunque lleve 12 años de huelga) en H & H Bagels (*Seinfeld* 9x10), preparando estos bollos. A una tienda así le gustaría ir a Kevin según le encontramos en el 1x02 de *The Leftovers*, porque su *bagel* se desvanece. Los que seguro que le darían un par, porque les sobran, son Michael (compró para prepararse para recibir a Charles en el 5x18 de *The Office*) y el equipo de House (necesitaban para poder hacer el «test del *bagel*» en el 4x15 de *House M.D.*). Unos tantos, otros tan poco.

CURIOSIDADES

El *bagel* es el bollo judío esencial (originado en Polonia en el siglo XVII), por lo que es normal encontrarlo en *delis* y tiendas similares, como la del 3x05 de Louie, Russ & Daughters, que nos da tanta hambre. Además, es también un clásico del panorama neoyorkino, muy influenciado por la cultura judía. Hace años, como dice Pete en el 7x01 de *Mad Men*, en otras ciudades (Los Ángeles en este caso) no tenían *bagels* aceptables. Hoy, ya no es un problema, por eso los Cohen pueden disfrutar de *bagels* estupendos.

PARA MARATONES

Huevos a la florentina

Ingredientes

- 2 panecillos tipo *muffin* inglés
- 200 g de espinacas hervidas
- 2 huevos pochados (pág. 151)

Para la salsa holandesa
- 100 g de mantequilla en dados
- 2 yemas de huevo
- ½ cucharada de agua fría
- ½ cucharada de zumo de limón
- Sal y pimienta

 Tiempo de preparación: **25 min** Comedia ✶**2 personas**

Preparación:

▶ Precalentamos el grill a 220 °C. ▶ Dejamos derretir sin remover ¾ partes de la mantequilla en una sartén, quitamos la espuma y la retiramos del fuego. ▶ Ponemos un bol sobre una cazuela con agua hirviendo (sin que la base entre en contacto con el agua) y batimos (con batidor de varillas) las yemas de huevo. ▶ Echamos el agua fría, el zumo de limón, sal y pimienta y batimos hasta que aumente su volumen. ▶ Añadimos la mitad de la mantequilla en dados y emulsionamos durante 2-3 min. ▶ Retiramos del fuego y añadimos la mitad restante. ▶ Sin dejar de remover, añadimos en forma de hilo la mantequilla derretida, hasta obtener una consistencia cremosa. ▶ Probamos y añadimos, si hace falta, más limón, sal o pimienta. ▶ Dejamos el bol sobre la cazuela, a fuego bajo, para mantener la temperatura. ▶ Ponemos las espinacas sobre las bases de pan (previamente tostado), encima los huevos pochados y bañamos generosamente con la salsa holandesa. ▶ Metemos al horno 1-2 min, hasta que la salsa empiece a burbujear. ▶ Servimos inmediatamente.

WEEDS

1x04 «Fashion of the Christ»

La vida de Nancy Botwin ya es bastante complicada desde la muerte de su marido, no necesita más. Una mañana, la alarma del detector de humos la despierta a ella y a sus hijos y, al llegar a la cocina, se encuentran a Andy (su cuñado). Ha vuelto de Alaska y está preparando el desayuno, huevos a la florentina, un desayuno delicioso que no sabemos si compensará los cambios que puede traer a la familia. Lupita tampoco está muy emocionada con la llegada de Andy, pero todos tendrán que convivir, por ahora.

CROSSOVER
Esta no es la comida de desayunos y *brunch* más corriente en las series, aunque la vemos aparecer en el 3x12 de *Entourage* de la mano del cocinillas del grupo, Drama.

CURIOSIDADES
El plato es una variación más sana del clásico huevos a la benedictina, en la que se sustituye el jamón o bacon por espinacas (quizás por eso no aparece en tantas series) y hay más de una decena de variaciones del plato, pero la que nos ocupa es la más conocida. Los huevos a la benedictina los encontramos por ejemplo en el 5x15 de *Frasier*, donde lo que más llama la aten-

ción a Niles es que Lilith pida kétchup para echar al plato. Incluso en M*A*S*H tienen hueco para ellos, aunque sea usando huevos en polvo (8x01). También aparece en un extra de DVD de la tercera temporada de Archer, en el que el chef televisivo Alton Brown intenta prepararlos.

ESCENAS ELIMINADAS
En este mismo episodio, Nancy queda con Doug en un restaurante indio que va a cerrar y que le encanta (no hay más que ver la mesa llena y la cantidad de comida que se lleva para congelar). Concretamente, hablan de *saag aloo*, un plato de patatas fritas con un curry de espinaca para untar que parece delicioso.

Desayuno «Eggscellent»

Ingredientes

- Una tortilla francesa con champiñones
- ½ taza de chili (pág. 106)
- Queso cheddar rallado
- Ensalada de fruta

Para los *biscuits*

- 1 taza de harina
- ⅛ cucharadita de bicarbonato
- ½ cucharada de polvo de hornear
- ½ cucharadita de sal
- 3 cucharadas de mantequilla fría
- ½ taza de *buttermilk*
- (¾ partes de yogur + ¼ de agua)
- ¼ taza de azúcar

 Tiempo de preparación: **25 min** Comedia ⁎ **1 persona**

Preparación:

▶ Para este plato, os enseñaremos cómo preparar los *biscuits*, que son unos panecillos rápidos que os servirán para acompañar otros desayunos o meriendas. ▶ Precalentamos el horno a 225 °C. ▶ Combinamos los ingredientes secos en el vaso del procesador de alimentos, añadimos la mantequilla cortada en dados y batimos hasta que se integren. ▶ Añadimos *buttermilk* hasta que se combine todo bien. ▶ Obtendremos una masa húmeda. ▶ Pasamos a una superficie enharinada y amasamos echando más harina hasta conseguir que la masa no se nos pegue a los dedos. ▶ Estiramos haciendo presión con la mano hasta que consigamos una masa de 2,5 cm de grosor y cortamos círculos con una taza o un aro de emplatar. ▶ Horneamos 10-12 min.

REGULAR SHOW

3x18 «Eggscellent»

Mordecai y Rigby están sentados viendo la televisión cuando aparece un anuncio que proclama que se puede participar en el desafío culinario más asombroso: si en menos de 1 hora puedes terminarte una tortilla de 12 huevos, con chili y queso fundido encima, dos *biscuits* y un bol mediano de ensalada de cantalupo, sandía y melón verde, obtendrás una gorra de camionero en la que pone «*I'm Eggscellent*». Por supuesto, Rigby se obsesiona con el desafío, pero nada más empezarlo tiene que ir al hospital porque es alérgico a los huevos. Entonces, Mordecai le promete que conseguirá la gorra para él, cueste lo que cueste.

CROSSOVER

Tortillas de tamaños más normales podéis encontrar en otras series. Por ejemplo, Lorelai pregunta a Luke cuál es la tortilla especial del día y este dice que no cree que le guste. Y tenía razón, porque después de decirle los ingredientes, acaba cambiándolos todos y quitando el «especial» de la tortilla (*Gilmore Girls* 2x18). A otro que le gusta su tortilla de desayuno sencilla es a Wilson Fisk y siempre se la come exactamente igual (*Daredevil* 1x08). Quien complica un poco más las cosas es Walter White, que en el 2x04 de *Breaking Bad* prepara tortillas mexicanas para desayunar. Lástima que no se quede nadie a probarlas.

ESCENAS ELIMINADAS

Johnathan Kimble, el empleado del parque que había sido la única persona en terminar el desafío con éxito, llevaba un diario sobre cómo conseguirlo. Entre otros consejos, dice que es buena idea desmenuzar los panecillos en agua para que entren mejor. Al final del capítulo, aparece un nuevo desafío: termina en menos de 1 hora con un amigo un filete de un poco más de 2,7 kg, y conseguirás dos camisetas en las que pone «*Raise the Steaks*». Normal que Rigby tampoco pueda resistirse.

Pancakes con bacon

Ingredientes

- 1 Taza de harina
- 2 cucharadas de azúcar
- 2 cucharaditas de polvo de hornear
- ½ cucharadita de sal
- 1 taza de leche
- 2 cucharadas de mantequilla
- 1 huevo
- 6 lonchas de bacon tostadas

 Tiempo de preparación: **25 min** Comedia ⋆**2 personas**

Preparación:

▶ Mezclamos en un bol la harina con el polvo de hornear, la sal y el azúcar. ▶ Aparte, batimos el huevo con la leche e incorporamos la mantequilla derretida. ▶ Añadimos la harina y mezclamos bien. ▶ Engrasamos con un papel de cocina una sartén antiadherente y la calentamos. ▶ Echamos aproximadamente un cuarto de taza de la masa por cada *pancake*. ▶ Cuando empiecen a formarse burbujas en la superficie, le damos la vuelta y lo dejamos hacer por el otro lado. ▶ En cada plato apilamos 4 *pancakes*, ponemos 3 lonchas de bacon encima y bañamos con sirope de arce.

DAWSON'S CREEK

3x12 «A Weekend in the Country»

Parece que Potter's B&B no ha empezado con buen pie y los amigos de la familia Potter se unen para intentar ayudar. Pacey, invita a un crítico para que vea lo estupendo que es el sitio y corra la voz. El problema: no hay nadie hospedándose. La solución: invitar a todos los conocidos para que hagan bulto. Las cosas no salen muy bien y todo parece perdido, pero por la mañana Pacey los organiza para preparar un animado desayuno con *pancakes* y bacon, recordando la historia que contó Joey la noche anterior. El crítico está encantado con el ambiente familiar y no tiene nada malo que decir, todo lo contrario: los pancakes (cocinados por el cuñado de Joey), son los mejores del condado.

CROSSOVER

Esta combinación es tan buena que hasta merece que Jake tenga una canción dedicada a ella (*Adventure Time* 4x16 y 6x19). Los *pancakes* en concreto, si son buenos, son estupendos y merecen bailes (como el de Zoey en el 4x05 de *Nurse Jackie*). Incluso valen para cenas románticas, si el ambiente acompaña (*The Good Wife* 6x10). Eso sí, no sabemos si son tan deliciosos como para comerse 30 de una sentada, como Forrest Mac-Neil (*Review* 1x03). Lo que sí sabemos es que a Shaw, de *Person of Interest*, nunca la dejan disfrutarlos (aunque en el 3x21 por lo menos parece que los prueba).

CURIOSIDADES

Es bastante común preparar los *pancakes* no solo con la masa, como hacemos nosotros, sino mezclarla con diferentes ingredientes. Dos de los clásicos son los *chips* de chocolate (que se ven, por ejemplo, en el 6x12 de *Parenthood* o el 4x10 de *Modern Family*) y los arándanos (que podéis ver en el 5x14 de *Glee*). Incluso, los últimos, se pueden poner para acompañar, como hace Damon al final del 6x01 de *The Vampire Diaries*. Frambuesas, canela, nueces, plátano, limón… Partiendo de la base que os dejamos, no hay límite.

French toast

Ingredientes

- 4 rebanadas gruesas de pan *brioche*
- 4 huevos
- ½ taza de nata
- ½ taza de leche
- 2 cucharadas de azúcar
- 2 cucharadas de mantequilla
- 1 pizca de nuez moscada rallada
- 1 cucharada de extracto de vainilla
- 1 pizca de sal

 Tiempo de preparación: 15 min Webisodio ✶4 unidades

Preparación:

▶ Batimos ligeramente los huevos con la nata, la leche, el azúcar, la nuez moscada, la vainilla y la sal en una fuente como las de hacer lasaña. ▶ Calentamos 1 cucharada de mantequilla en una sartén a fuego medio. ▶ Introducimos en la mezcla las rebanadas de pan (de 2,5 cm de grosor aproximadamente) y las dejamos que se empapen 1 min por cada lado. ▶ Escurrimos un poco el pan y lo hacemos a la plancha en la sartén, unos 2 min por cada lado, hasta que esté dorado. ▶ Mantenemos caliente en el horno mientras las preparamos todas. ▶ Servimos inmediatamente con fresas frescas cortadas y azúcar glas.

THE OFFICE

5x22 «Dream Team»

Cuando Michael y Pam abandonan Dunder Mifflin para fundar su propia empresa (The Michael Scott Paper Company Inc.), la situación tiene su ración de incertidumbre. Pero hay que ser positivos y, como dice Pam, ellos empiezan en una casa, Apple empezó en un garaje, así que la cosa ya va mejor. Como la casa es la de Michael, este pregunta (aún en bata) a Pam si quiere *french toasts* para desayunar. Cuando Pam ya ha terminado, Michael sigue preparando más y más tostadas: después del desayuno, empezará la actividad de la nueva empresa y el miedo no le deja avanzar. En cualquier caso, un gran desayuno, sean cuadradas o no.

CROSSOVER

Es muy común echar sirope, como intenta hacer Sally en el 4x09 de *Mad Men* cuando prepara el desayuno. Una pena que confundiera la botella de sirope Mrs. Butterworth's con una de ron (una pena para ella, a Don le gusta). Quien la prepara sin problemas es Norman Bates, aunque en la escena del 3x06 de *Bates Motel* quedan claros otros de sus problemas. Que alguien las haga para desayunar por sorpresa siempre está bien: Alicia disfruta de unas que ha preparado Shannon, una amiga de Grace, en el 2x09 de *The Good Wife*; mientras que los Gallagher tienen su ración gracias a Jimmy en el 3x01 de *Shameless*, para sorpresa de Fiona.

CURIOSIDADES

En España tenemos un plato parecido, las torrijas. Eso sí, que no os digan que es exactamente lo mismo. Las torrijas se preparan con pan viejo que se empapa previamente en leche, mientras que las *french toasts* se hacen con pan de molde que se moja en huevo y leche brevemente. Además, las primeras se fríen en aceite abundante, mientras que las segundas se hacen a la plancha con mantequilla. Son diferencias sutiles, pero existen, y a cada uno le gustará más un estilo. Las torrijas, por cierto, suelen comerse típicamente en Cuaresma y Semana Santa como postre.

PARA MARATONES

Peanut butter
and jelly sandwich

Ingredientes

Para la mantequilla de cacahuete
- 400 g de cacahuetes (sin sal) pelados y tostados
- 1 cucharadita de sal
- 1 ½ cucharadas de miel
- 1 ½ cucharadas de aceite

Para la confitura de arándanos
- 300 g de arándanos
- ⅔ taza de agua
- 2 tazas de azúcar

Para la pectina
- 2 manzanas
- 3 tazas de agua

 Tiempo de preparación: **5 min** Webisodio

Preparación:

▸ Para preparar este sándwich solo necesitamos untar una rebanada de pan con mantequilla de cacahuete y la otra con confitura, pero os daremos la receta para prepararlos de forma casera. ▸ Para la mantequilla de cacahuete, ponemos todos los ingredientes, menos el aceite, en una batidora y trituramos hasta conseguir una pasta. ▸ Removemos y añadimos poco a poco el aceite hasta que esté todo bien incorporado. ▸ Envasamos en un tarro de cristal y esterilizamos. ▸ La pectina puede conseguirse en el supermercado, pero podemos obtenerla fácilmente cociendo 2 manzanas grandes en trozos (sin pelarlas ni quitarles el corazón) cubiertas con 3 tazas de agua durante media hora. ▸ Colamos con una gasa y cocemos el líquido resultante a fuego alto hasta que reduzca a la mitad.

▸ Para la confitura, desmenuzamos la fruta en una cazuela, añadimos el agua y llevamos a ebullición. ▸ Reducimos el fuego y la cocinamos tapada durante 1 hora. ▸ Colamos y cocemos en este jugo el azúcar hasta que se disuelva. ▸ Llevamos a ebullición, añadimos ¾ taza de la pectina y hervimos sin dejar de remover durante 5 min. ▸ Quitamos la espuma, metemos en un tarro de cristal y esterilizamos.

FULL HOUSE

5x02 «Matchmaker Michelle»

Aquí tenemos un plato de los sencillos. Tanto, que hasta un niño podría prepararlo. Como ejemplo, Michelle Tanner en este episodio, y le queda estupendamente. Esto último lo imaginamos porque la llevábamos viendo practicar por lo menos desde el 3x18, donde el resultado es más «mono» que práctico. En este caso, en su búsqueda de una nueva madre, Michelle prepara una cita entre su padre y su profesora. Música, un vaso de leche con dos pajitas y un sándwich de mantequilla de cacahuete y mermelada. En este caso también mantenemos el nombre original del plato, porque es la única forma de abreviarlo como el clásico «PB&J».

CROSSOVER
La posibilidad de prepararse este clásico infantil le alegra la vida a cualquier americano, especialmente si está en medio de un apocalipsis zombi como Daryl en el 4x13 de *The Walking Dead*. Incluso el mismo presidente de los EE.UU. puede tener ganas de comer uno (*House of Cards (2013)* 3x02). Y, cuando se te antoja, se te antoja, igual que a Callie en el 7x14 de *Grey's Anatomy*: Mark y Arizona creen que pueden imponerle qué comer durante su embarazo. Eso sí, también puede apetecer por razones nada emocionales, algo perfectamente ejemplificado en Capitán Holt (*Brooklyn Nine Nine* 2x09).

CURIOSIDADES
Este sándwich lleva existiendo desde antes de 1900 y cuando fue bajando el precio de la mantequilla de cacahuete, se extendió entre todas las clases sociales. Con tantos años de existencia, seguro que hay una etiqueta de uso (por ejemplo, no dejar mermelada en el tarro de mantequilla de cacahuete, según el 1x01 de *Roseanne*) y decenas de formas particulares de prepararlo (un ejemplo, quitando la corteza del pan de molde, como vemos en el 3x01 de *Breaking Bad*). El caso es que lo simple, triunfa.

Dónuts

Ingredientes

- 2 ½ tazas de harina
- 1 ½ cucharaditas de levadura
- 3 cucharadas de mantequilla
- 3 cucharadas de azúcar
- ½ taza de leche
- ¼ cucharadita de sal
- 1 huevo
- Una pizca generosa de nuez moscada rallada
- Aceite vegetal para freír

 Tiempo de preparación: **35 min** Dramedia ⋆Tiempo extra +**3 horas fermentación** ⋆**8 unidades**

Preparación:

▸ Templamos la leche en el microondas, disolvemos la levadura y reposamos 5 min. ▸ Mezclamos la harina con la mantequilla en dados pequeños (a temperatura ambiente) y trabajamos con los dedos hasta que se formen migas. ▸ Añadimos el azúcar, la sal y la nuez moscada y mezclamos. ▸ Incorporamos el huevo batido y la leche y amasamos hasta conseguir formar una bola (añadimos más harina si hace falta). ▸ Amasamos 5 min en una superficie enharinada hasta conseguir una masa elástica y suave. ▸ Formamos una bola y dejamos reposar (en un sitio cálido) dentro de un bol engrasado y cubierto con un paño de cocina, hasta que duplique su volumen, unas 2 horas. ▸ Pasamos a una superficie enharinada y amasamos con un rodillo hasta conseguir que tenga 1 cm de grosor. ▸ Cortamos círculos de 5 cm de diámetro y hacemos el agujero del centro con un aro pequeño. ▸ Ponemos los dónuts en una lámina de silicona, tapamos y dejamos 1 hora para que crezcan más. ▸ Freímos a fuego medio en abundante aceite caliente 1 min por cada lado, hasta que se doren. ▸ Cubrimos con azúcar glas o la cobertura elegida al gusto.

THE SIMPSONS

5x05 «Treehouse of Horror IV»

El amor de Homer por los dónuts es una constante y este episodio es un buen ejemplo. Está soñando con un dónut de crema de frambuesa y, cuando se despierta e intenta dar el paso de sueño a realidad, encuentra la caja de dónuts vacía. Desesperado, dice que vendería su alma por un dónut y el diablo aparece al momento. Después de empezar a comerlo, el «príncipe de las tinieblas» le dice que, cuando lo termine, será el dueño de su alma. Intentando hacerse el listo, guarda un trozo… pero en medio de la noche, medio dormido, abre el frigorífico y se lo come. Lisa convence al diablo de que su padre merece un juicio, pero igualmente tendrá que pasar un día en el infierno.

CROSSOVER

Los dónuts son buenos para quedar bien, si no que se lo pregunten a Dexter Morgan que los reparte por la estación de policía con su sonrisa fingida (*Dexter* 1x01). Y es que a los policías les gustan mucho: mirad a los de *Castle* (4x11) que incluso comen *cronuts* (6x18), el híbrido entre dónut y cruasán; o a los de *Twin Peaks* (desde el 1x01 vemos que Lucy les tiene bien servidos). Y no solo hay gente que intenta caer bien a policías con bollería, también a criminales, como Sam Healy (*Orange is the New Black* 2x07). Ah, y cuidado con los rellenos, no os pase como a Joey en el 7x05 de *Friends*. Esas manchas no salen fácilmente.

ESCENAS ELIMINADAS

Una de las cosas en las que uno piensa cuando oye el nombre de Homer Simpson es su expresión «Mmm...». De hecho, en este capítulo la utiliza 2 veces. A lo largo de la serie, la usa en más de 100 ocasiones y, en varias de ellas, pensando en dónuts (además de en este, en el 3x17, 9x19, 12x04 o 14x01). Le gustan tanto que, en el 6x06, cuando llegó a una realidad alternativa en la que todo era perfecto, pero no existían, huyó de allí. Y, bueno, solo hay que ver el final del segmento que nos ocupa, «*The Devil and Homer Simpson*», para entenderlo.

PARA MARATONES

Creps

Ingredientes

- 1 taza de harina
- 2 huevos
- 1 taza de leche
- 5 cucharadas de agua
- 50 g de mantequilla
- 3 limones
- Azúcar
- Una pizca de sal

 Tiempo de preparación: **25 min** Comedia ⋆**6 unidades**

Preparación:

▸ Tamizamos la harina y la sal en un bol grande. ▸ Hacemos un hoyo en el centro, echamos allí los huevos y vamos incorporando poco a poco (con un tenedor o un batidor de varillas) la harina desde los extremos. ▸ Añadimos lentamente la leche mezclada con el agua hasta que desaparezcan los grumos. ▸ Obtendremos la consistencia de una crema ligera. ▸ Derretimos la mantequilla en una sartén. ▸ Echamos dos cucharadas en la masa y mezclamos bien. ▸ Reservamos el resto de la mantequilla para ir engrasando la sartén con un papel de cocina. ▸ Calentamos muy bien la sartén y luego bajamos a fuego medio. ▸ Echamos con una taza la medida de 2 cucharadas de masa por cada crepe (la primera siempre se considera de prueba y no sale tan bien como las demás) y movemos para que la masa se extienda por toda la base. ▸ En un min la crepe estará en su punto para girarla y hacerla por el otro lado. ▸ Engrasamos la sartén y repetimos el proceso hasta acabar la masa. ▸ Para montarlas, ponemos la crepe en un plato, la rociamos bien con zumo de limón y espolvoreamos azúcar al gusto. ▸ La cerramos por la mitad y por la mitad nuevamente formando triángulos. ▸ Ponemos un poco más de zumo de limón y azúcar por encima y servimos inmediatamente.

THE PRISONER

1x05 «The Schizoid Man»

Las constantes de esta clásica serie británica están claras: Número 6 está atrapado en una isla de la que intenta escapar de diferentes formas, al mismo tiempo que sus carceleros tratan de sacar de su mente cierta información adquirida durante sus años como agente secreto. En este episodio, los dirigentes de la isla, pretenden conseguir la información haciendo creer al protagonista que es una persona diferente: lo transforman en zurdo, le ponen bigote y, sí, cambian cuáles son sus comidas preferidas. Ya no es Número 6, ahora es Número12 y le gustan las crepes para desayunar. Qué gente tan ruin y malvada.

CROSSOVER
En el 4x12 de *Fringe*, Walter intenta que Peter se quede a cenar con él las crepes que está preparando (de forma poco ortodoxa pero seguro efectiva), aunque no tiene suerte y se queda solo. Tampoco la tiene la pobre Miranda, que iba a hacer crepes *suzette* para su cena (en el 3x03 de *Miranda*) pero, como tantas cosas ese día, no terminó de salir bien (para ella, nosotros nos reímos mucho con todo el episodio). Quien sí comió crepes *suzette* fue Isis, el perro de **Downton Abbey** cuando, en el 2x01, Mrs. Patmore le da las que sobran en vez de a Ethel.

CURIOSIDADES
Durante la trama para intentar confundir a Número 6, comentan con él que le gustaban tanto las crepes que le llamaban «*flapjack Charlie*». En el Reino Unido, llaman *flapjacks* a los *pancakes*, lo cual es ya bastante confuso, pero es que los británicos llaman *pancakes* a las crepes. La cosa se complica más porque en los EE.UU., a veces llaman a sus *pancakes* de la misma forma, *flapjacks*. Lo peor de todo: en el Reino Unido también llaman *flapjacks* a unas barras de cereales, muesli o granola. Nos quieren liar estos anglosajones.

PARA FINAL DE TEMPORADA

La serie que te gusta se despide hasta dentro de 8, 9 o más meses, pero sabes que lo hará a lo grande, te dejará con muchas ganas de más y mordiéndote las uñas. Para evitar esto último, lo mejor es celebrar el final de temporada por todo lo alto, comiendo como reyes en restaurantes caros… o dedicar un tiempo a convertir nuestro salón en un local de tres estrellas Michelin y disfrutar en casa a lo grande.

Ostras à la russe

Ingredientes

- 10 ostras
- 2 cucharadas de vodka
- ½ cucharadita de zumo de limón
- ¼ de cucharadita de *horseradish* (pág. 147)
- 2 gotas de *sriracha*
- 1 tomate sin semillas cortado muy fino
- 1 cucharada de cebollino picado
- Pimienta negra recién molida
- Una pizca de sal y otra de azúcar

 Tiempo de preparación: **15 min** Webisodio

Preparación:

▸ En un bol pequeño mezclamos el vodka, el zumo de limón, el *horseradish*, la *sriracha*, la sal y el azúcar. ▸ Cuando esté todo incorporado, echamos con cuidado el tomate, el cebollino y la pimienta. ▸ Lavamos bien las ostras bajo el grifo de agua, las secamos y las abrimos. ▸ Desechamos la concha de arriba y separamos con cuidado la ostra de su caparazón para que puedan comerse con facilidad. ▸ Ponemos un poco del aliño que tenemos preparado sobre cada ostra y las servimos en una bandeja sobre abundante hielo picado.

DOWTON ABBEY

3x03 «Episode Three»

Lo normal en el mundo de la serie es que en el piso de abajo de la «casita» de los Crawley, los sirvientes coman de forma humilde (pan, queso, estofado, gachas…), con alguna ocasión especial en la que podían encontrarse con algún «lujo» en la mesa. En el caso que nos ocupa, y debido a que la boda de Edith queda suspendida, el servicio tiene la oportunidad de comer algo más elegante de lo habitual: los aperitivos que estaban preparados para el banquete (aunque aún hay alguno que se queja). Entre ellos, tostas de huevos trufados, croquetas de langosta, pato glaseado con Calvados, ensalada de espárragos con vinagreta de champán y azafrán o el plato que nos ocupa.

CROSSOVER

Abrir ostras puede dar problemas (como en el 4x01 de **Royal Pains**); una vez abiertas, pueden usarse para muchas cosas: venganza, como en el 1x07 de **Mad Men**, donde Don da una lección a Roger, y nos deja su «teoría» de que la primera persona que las comió fue Jonathan Swift (autor de *Los viajes de Gulliver*); para dar sabor a los animales antes de comerlos, como hacían los romanos y el Dr. Lecter, lo que vemos en el 3x01 de **Hannibal**; como afrodisíaco, algo que intenta hacer la Monica «alternativa» del 6x16 de **Friends** (aunque puede que el alto contenido en zinc tenga algo que ver, es más posible que sea todo un mito).

CURIOSIDADES

Lisa Heathcote, la estilista que se encarga de que todos los platos se vean bien en la serie, dice que la comida tiene que ser real siempre o no parecerá comida de verdad… pero eso no quita que se usen ciertas trampas en el rodaje, especialmente cuando se trata de pescado y marisco: sustituir lenguado por pollo, *mousse* de pescado por crema de queso teñida o, en vez de ostras, usar setas de cardo cocinadas. Nosotros no hemos usado estos trucos en el libro, pero es curioso descubrir estas sustituciones tramposas.

PARA FINAL DE TEMPORADA

Risotto

Ingredientes

- 1 taza de arroz arborio
- 2 tazas de caldo de pollo
- 3 tazas de agua
- ¼ taza de mantequilla
- ½ taza de cebolla picada
- ½ taza de nata
- ¼ taza de parmesano rallado
- Trufa negra
- Sal y pimienta

 Tiempo de preparación: **45 min** Drama ✴**4 personas**

Preparación:

▸ Calentamos el caldo con el agua en una cazuela a fuego medio hasta que empiece a hervir. ▸ Bajamos el fuego y mantenemos caliente durante todo el proceso. ▸ Derretimos 2 cucharadas de mantequilla a fuego medio en otra cazuela y rehogamos la cebolla hasta que esté tierna. ▸ Añadimos el arroz y removemos 2 min. ▸ Incorporamos el vino y cocinamos hasta que se absorba. ▸ Subimos a fuego medio-alto y añadimos una taza de caldo, removiendo ocasionalmente hasta que se absorba el líquido. ▸ Seguimos removiendo y añadiendo caldo, una taza cada vez, y esperando a que se absorba antes de echar la siguiente. ▸ Cocemos 20-25 min, hasta que el arroz esté tierno y tenga una consistencia cremosa. ▸ Echamos la nata, el queso, sal, pimienta y la mantequilla restante. ▸ Mezclamos hasta que esté cremoso (aproximadamente 2 min) y servimos con trufa en láminas por encima.

SEX AND THE CITY

6x16 «Out of the Frying Pan»

Aleksandr, el ruso de Carrie, la lleva de viaje gastronómico sin salir de Nueva York: Grecia en Astoria, Italia en el Bronx, Corea en West 32nd Street… ¿A dónde la llevará a cenar esta vez? ¿En qué parte de la Gran Manzana terminarán? Ante la sorpresa de Carrie, pueden ir andando, algo bastante raro ya. Cuando Aleksandr revela las bolsas de la compra que tenía detrás, vemos el plan: ir a donde nunca han ido juntos, la casa de Carrie, y hacer la cena él mismo. Y toca *risotto*, un buen plato para demostrar que sabes cocinar (aunque tengas que cocinarlo en una sartén) que convierte unos pocos ingredientes en una maravilla. Después, podéis tomar un *espresso* tranquilos en casa, que seguro que no tenéis ratones.

CROSSOVER

Este plato «no se cocina, se construye». Así intenta defenderse Pacey de los ataques de quienes no comprenden el arte culinario y solo quieren comer, una posición que, dependiendo del hambre, es comprensible (*Dawson's Creek* 5x10). Quien lo comprende y se lo toma muy en serio es Sookie, que pasa todo el 1x04 de *Gilmore Girls* intentando entender por qué un crítico escribió que su *risotto* mágico estaba (solo) «bien». Finalmente, descubre que habían servido un Riesling (vino blanco alemán) con el plato: inaceptable. Al final lo que queremos es disfrutar, aunque no sabemos si lo haremos tanto como Karen con el suyo en el 5x01 de *Seinfeld*.

CURIOSIDADES

Nuestra receta es la forma más pura y sencilla del plato (las trufas son el toque extra), aunque hay muchas variantes y casi todas las podéis cocinar a partir de esta: a la milanesa, con azafrán y manteca (en vez de mantequilla) entre otras cosas; *alla zucca*, con calabaza y nuez moscada; negro, con tinta de calamar; *ai funghi*, con *Boletus edulis* o *porcini*… Nos llama la atención que, con tanta variedad, en una serie tan culinaria como *The Sopranos* nunca aparezca el plato, pero seguro que Carmela tiene alguna receta estupenda guardada por ahí.

Shrimp and grits

Ingredientes

- 1 ½ tazas de caldo *ramen*
- ¾ taza de nata
- ¼ taza de leche
- ½ taza de polenta
- 2 cucharadas de mantequilla
- 1 cucharadita de salsa de soja
- 2 huevos
- 6 gambas peladas
- 2 lonchas de bacon tostado
- Sal y pimienta

 Tiempo de preparación: **25 min** Comedia ⋆**2 raciones**

Preparación:

▸ Ponemos el caldo, la nata y la leche en una cazuela y llevamos a ebullición. ▸ Añadimos la polenta poco a poco y cocemos, removiendo con frecuencia, el tiempo que indique el fabricante. ▸ Retiramos del fuego, añadimos la mantequilla y la salsa de soja. ▸ Rectificamos de sal si hace falta. ▸ Quitamos el intestino de las gambas y las abrimos por la mitad, salpimentamos y hacemos en una sartén a la plancha, 1 min por cada lado. ▸ Al sacarlas, las aplanamos poniéndolas entre dos tablas y haciendo presión con una cazuela. ▸ Hacemos los huevos pasados por agua cociéndolos en agua hirviendo 4 min, así tendremos la clara cuajada pero la yema estará un poco líquida. ▸ Para emplatar, hacemos una base con la polenta y disponemos encima 3 gambas, un huevo por persona y espolvoreamos con bacon desmenuzado.

TREME

2x10 «That's What Lovers Do»

La chef Janette Desautel (inspirada en Susan Spicer) tiene un viaje muy movido por esta serie y pasa por muchos restaurantes. En uno de sus trabajos en Nueva York, cocina para el chef David Chang en el restaurante Lucky Peach. Después de una comida de personal, en la que Janette hace un pollo frito asiático que encanta y sorprende a Chang, este le pide que cree un plato para una cena especial en el restaurante. Lo que se le ocurre es transformar un clásico de su tierra, Nueva Orleans, en una versión más elegante pero igualmente deliciosa, con añadidos muy interesantes. Nosotros la hemos escuchado atentamente y os dejamos aquí cómo hacer esta versión del típico plato del sur de Estados Unidos.

CURIOSIDADES

El Lucky Peach es un restaurante ficticio que está basado en una mezcla entre el Momofuku Ko y el Ssäm Bar, restaurantes reales de David Chang. El nombre del restaurante ficticio tiene su origen en que «momofuku» significa eso, «lucky peach» (melocotón de la suerte) en japonés. Este chef, fundador del Momofuku Restaurant Group (con 5 restaurantes en Nueva York, 1 en Australia y 4 en Canadá), es amigo de Anthony Bourdain, chef, presentador (*A Cook's Tour, No Reservations, The Layover, Parts Unknown...*) y escritor, que era asesor y guionista en *Treme*. Su primer libro fue adaptado a televisión en una serie que no duró mucho, *Kitchen Confidential*.

ESCENAS ELIMINADAS

Chang conoce a Janette cuando él y otros 3 famosos chefs (entre ellos uno de los jueces de *Top Chef*, Tom Colicchio) visitan su restaurante en Nueva Orleans sin avisar (1x05). El primer instinto del *sous chef* de Janette es prepararles una comida elegante: salmón ahumado con caviar, estofado de marisco y trufa, cordero... pero enseguida se da cuenta de que lo mejor es prepararles platos de origen humilde y clásicos de su tierra dándoles un toque elevado (su estilo, está claro): sopa de patata dulce y salchicha, brochetas de riñones de conejo y bacon, mollejas, cangrejo de río, cuello de cordero sobrante de la comida de personal... y con eso se los gana.

PARA FINAL DE TEMPORADA

Lasaña

Ingredientes

- 1 paquete de lasaña precocida
- 300 g de queso ricota
- 1 taza de parmesano rallado
- 2 bolas de mozzarella fresca
- 1 manojo de albahaca fresca
- 5 tazas de *sunday gravy* (pág. 149)

 Tiempo de preparación: **65 min** Drama HBO

Preparación:

▸ Precalentamos el horno a 180 °C. ▸ Hidratamos la lasaña según las instrucciones del fabricante. ▸ Sazonamos el queso ricota con sal y pimienta en un bol. ▸ Para montar la lasaña, ponemos 1 capa fina del *sunday gravy* en la fuente y disponemos una capa de pasta. ▸ Untamos con un tercio del queso ricota, espolvoreamos con queso parmesano y cubrimos con hojas de albahaca. ▸ Ponemos una capa de rodajas de mozzarella y bañamos con la salsa de carne. ▸ Hacemos 2 o 3 capas más de todos los componentes y acabamos con una de pasta, bañada con la salsa y parmesano espolvoreado por encima. ▸ Horneamos durante 40 min. ▸ Está mucho mejor, y se corta con más facilidad, si la preparamos con antelación.

THE SOPRANOS

4x05 «Pie-O-My»

La lasaña de Carmela es uno de los platos más famosos de la serie, pero no aparece mucho; en este episodio, quien la come no sabe que ella es la cocinera. Janice intenta acercarse a Bobby a través de la comida y comienza a apropiarse de los platos de los demás: primero le lleva a Junior un pollo al Marsala, cocinado por JoJo, y, después, la vemos alimentando a Bobby e hijos con una lasaña que ha preparado Carmela. Gracias a Junior sabemos que, cuando Bobby le está cantando las bondades de la lasaña, enseguida reconoce el sello del autor: «¿Salchicha además de ternera? ¿Una capa de hojas de albahaca justo debajo del queso? Esa lasaña es de Carmela». Bobby no le cree, pero todos sabemos la verdad.

CROSSOVER

La lasaña es un plato que siempre agradecerá quien lo reciba: lo hacen todos a los que le toca una de las 12 de las que tiene que deshacerse Monica en el 1x12 de *Friends*; lo hace Ballard cuando se la lleva Mellie en el 1x02 de *Dollhouse*; también, al parecer, lo agradecen quienes prueban la lasaña de Pam, aunque realmente usa la receta de la caja (*The Office* 6x13); y… bueno, digamos que la lasaña parece ser muy «curativa» en el 4x12 de *Homeland*.

CURIOSIDADES

En la serie escuchamos muchas veces referirse a la salsa de tomate con carne que lleva la lasaña como *sunday gravy*. Este término, exclusivo de la comunidad italoamericana, se deriva fundamentalmente de la tradición de reunirse a cenar en familia los domingos. Nosotros solemos conocer esto como ragú, que en Francia se refiere a los estofados en general. En el 6x02 de *House M.D.*, por ejemplo, vemos uno interesante, preparado por Greg, y que tiene salchicha de cerdo, redondo de ternera, anís estrellado, cebolla caramelizada y tomate. Perfectamente podríamos usarlo en una lasaña.

Ossobuco

Ingredientes

- 4 trozos de ossobuco
- ½ taza de harina
- 1 taza de cebolla picada
- 1 taza de apio picado
- 1 taza de zanahoria picada
- 2 dientes de ajo
- 2 filetes de anchoa
- 1 cucharada de alcaparras
- 1 taza de caldo de carne
- 1 taza de vino tinto
- 1 ½ tazas de tomate entero en lata
- 1 cucharadita de orégano seco
- 1 ramita de romero fresco
- 1 hoja de laurel
- Aceite de oliva
- Sal y pimienta

 Tiempo de preparación: **215 min** Miniserie ★**2 personas**

Preparación:

▸ Precalentamos el horno a 180 ºC. ▸ Enharinamos y salpimentamos el ossobuco. ▸ Sellamos en una sartén con aceite a fuego medio-alto hasta que estén dorados por ambos lados. ▸ Reservamos en una fuente de horno. ▸ En una cazuela, rehogamos los filetes de anchoa con un poco de aceite hasta que se deshagan. ▸ Añadimos la cebolla, zanahoria y apio y cocinamos hasta que empiecen a coger color. ▸ Incorporamos el caldo y rascamos el fondo con una cuchara de madera. ▸ Añadimos las especias, hierbas, alcaparras, tomate y vino. ▸ Removemos bien durante 10 min. ▸ Trituramos. ▸ Bañamos el ossobuco con esta salsa y horneamos durante 1 hora *(30 min en olla a presión, sacar y reducir la salsa). ▸ Pasado este tiempo, bajamos la temperatura a 140 ºC y lo dejamos 2-3 horas, hasta que esté tierno.

HANNIBAL

2x02 «Sakizuki»

Todos sabemos que ir a cenar a casa del doctor Hannibal Lecter es una experiencia llena de sorpresas y de sensaciones, porque es un cocinero que se toma muy en serio el arte de alimentar a los demás y, especialmente, a sí mismo. En este episodio, las investigaciones del FBI sobre unas desapariciones llevan al doctor Lecter a cruzarse con un individuo con ideas peculiares sobre su relación con Dios y lo que es un *tableau vivant*. Por supuesto, está intrigado y se implica como solo él podría en la «obra» de su nuevo «amigo». No vamos a ser del todo fieles a la receta tal y como la prepara Hannibal, esperamos que nos perdonéis el atrevimiento.

CROSSOVER

Un plato delicioso que no todo el mundo sabe apreciar, mirad si no lo que le pasa a Bree en el 1x01 de *Desperate Housewives* cuando se lo sirve a su familia: Rex y Andrew no están muy agradecidos por las horas que le ha costado hacerlo. Tampoco está muy impresionado Larry David con el que preparan en el restaurante al que va en una cita (*Curb Your Enthusiasm* 7x04). Sí parece que está muy bueno el que prepara Jane en la cena que celebra con Michael como pareja: el ambiente es tan tenso que la comida es lo de menos. Aunque Dwight no lo prueba, porque se ha llevado la cena en un táper: pavo y ensalada de remolacha (*The Office* 4x09).

ESCENAS ELIMINADAS

Muchos de los episodios de la serie tienen un título relacionado con la cocina, y no es para menos, porque Hannibal es un chef impresionante (pese a su elección de ingredientes): desde *foie gras au torchon* (1x05), a la colección visceral del 1x07 (hígado de ternera al limón, mollejas de cordero al parmesano, pulmones de ternera estofados...), pasando por trucha al queso azul con salsa holandesa (2x08)... Gran parte del mérito de estas elecciones lo tiene el asesor culinario de la serie, el chef español José Andrés, que tiene más de una decena de restaurantes en los Estados Unidos.

PARA FINAL DE TEMPORADA

Beef Wellington

Ingredientes

- 800 g de solomillo de ternera
- 2 láminas de hojaldre
- 100 g de paté de hígado de pato
- 1 huevo batido
- 4 crepes (pág. 89)
- Sal y pimienta
- Aceite oliva

Para la *duxelles*

- 400 g de champiñones o portobello
- ½ cebolla picada muy fina
- 1 cucharada de jerez dulce
- ¼ taza de mantequilla
- ¼ taza de perejil picado

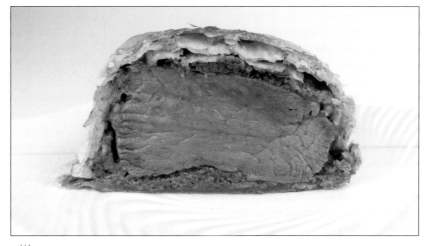

 Tiempo de preparación: **95 min** TV movie ✳**4 personas**

Preparación:

▸ Rehogamos a fuego medio la cebolla en la mantequilla hasta que esté tierna. ▸ Ponemos los champiñones en una picadora hasta obtener una pasta y los añadimos. ▸ Incorporamos el jerez y cocinamos hasta que se evaporen los líquidos. ▸ Echamos el perejil, salpimentamos y reservamos. ▸ Precalentamos el horno a 230 ºC. ▸ Salpimentamos el solomillo y lo sellamos en una sartén a fuego alto hasta que esté dorado (2-3 min por lado). ▸ Reservamos. ▸ Mezclamos en un bol la pasta de champiñones con el paté. ▸ Alineamos las crepes formando un rectángulo y lo cubrimos con la pasta de champiñones y paté. ▸ Ponemos el solomillo en el centro y lo envolvemos; cortamos lo que sobre. ▸ Envolvemos ahora el solomillo con el hojaldre, sellamos con huevo batido para que quede perfectamente cerrado. ▸ Ponemos en una fuente de horno, con la unión del hojaldre hacia abajo. ▸ Pintamos con huevo y hacemos 3 cortes superficiales. ▸ Metemos al horno y bajamos la temperatura a 210 ºC. ▸ 10 min después, la bajamos a 200 ºC y dejamos 20 min más. ▸ Dejamos reposar 15 min antes de cortar.

MAD MEN

5x04 «Signal 30»

En el verano de 1966 Pete Campbell tiene la oportunidad de celebrar una cena que llevaba mucho tiempo aplazándose. El lugar, su casa en Cos Cob. Los invitados, los Cosgrove (Ken y… ¡Cynthia!) y los Draper (Don y Megan). Pete no puede contener la emoción de tener a Don en su hogar y está decidido a que todo sea perfecto: bebida, comida, música, bebé dormido… «A ti te toca el filete grande», le dice. La cena transcurre con conversaciones animadas alrededor de un precioso (y enorme) *beef* Wellington que Trudy ha preparado. Y aunque Pete termina bastante miserable en este episodio, nosotros no tenemos que serlo, y esta receta se asegurará de ello.

CROSSOVER

Es un plato delicioso, aunque a veces no queda muy apetecible: como el que viene preparado en cajas y mandan a Litchfield (*Orange is the New Black* 3x07) o el del 8x01 de *M*A*S*H* (apreciamos el esfuerzo, pero *chipped beef* no es lo mismo que solomillo, es «carne» en trozos salada, seca y ahumada). Para hacer uno bueno, seguid esta receta, eso sí, recordad las palabras de Raj en el 6x10 de *The Big Bang Theory*: la práctica hace la perfección (y, en este caso, engorda).

CURIOSIDADES

En el 4x10 de *The Mary Tyler Moore Show*, Mary tiene que hacer una cena elegante y pide ayuda a Sue Ann, quien prepara de plato principal ternera príncipe Orloff. Este plato ruso del siglo XIX consiste en lomo de ternera asado, cortado en lonchas, alternado con capas de pasta de champiñones y cebolla, bañado en salsa Mornay y horneado. Pero en la escena aparece un *beef* Wellington y, como veis, no se parecen mucho. Solo podemos especular: o el clásico ruso quedaba mal en pantalla o bien les parecía que el nombre del plato tenía más potencial cómico.

PARA REVISIONADOS

Hay series que nos marcan para siempre; conocemos a sus personajes como si fueran nuestros amigos, nos sabemos los diálogos de memoria y, aun sabiendo todo lo que va a pasar, nos emocionamos, reímos y sufrimos como si fuera la primera vez. No importa las veces que las hayamos visto y da igual cuántas series nuevas se estrenen cada año, siempre encontraremos el momento para verlas de nuevo. Esas series son nuestros grandes clásicos y, para celebrarlas, no hay nada mejor que esos platos de toda la vida.

Pollo frito

Ingredientes

- 2 muslos y 2 contramuslos de pollo
- 1 taza de harina
- 1 taza de copos de maíz
- 1 cucharadita de cayena molida
- 1 cucharadita de pimentón
- 1 cucharada de sal
- 1 huevo
- Zumo de medio limón
- Aceite para freír
- Sal y pimienta

 Tiempo de preparación: **35 min** Dramedia ★**2 personas**

Preparación:

▸ Salpimentamos el pollo. ▸ Trituramos los copos de maíz y los mezclamos con la harina, la cucharada de sal y las especias. ▸ Aparte, batimos el huevo con el zumo de limón. ▸ Calentamos abundante aceite (en la serie, Louie usa manteca de cerdo, lo dejamos a vuestra elección) en una cazuela alta. ▸ Pasamos el pollo por la mezcla de huevo y luego por la de harina. ▸ Hacemos un doble rebozado pasando nuevamente por huevo y harina. ▸ Freímos 10-15 min, hasta que esté dorado oscuro.

LOUIE

Louie decide acudir a una cena *potluck* (una especie de banquete colectivo en el que cada invitado lleva un plato diferente) que organizan los padres del colegio de su hija. La encargada, Marina, le agradece la intención y le ruega que lleve postre, pero él insiste: quiere llevar pollo frito. Y se nota que quería porque pone mucho interés al cocinarlo. Cuando llega al apartamento ve que hay un montón de gente que no le suena: se ha equivocado de dirección y ha ido a parar a una reunión religiosa extraña. Sin pollo para llevar a la cena de verdad, pasa por un Kentucky Fried Chicken y lo compra hecho. Después de todo el esfuerzo, la comida termina donde no debe.

CROSSOVER

Una experta en este plato la encontramos en el sur de los Estados Unidos en *Justified*, Ava Crowder, que en un par de ocasiones invita a Raylan a comerlo (1x01 y 6x06). Y es que es uno de esos platos que nos hacen sentir bien (o eso cree Ted, como vemos en el 7x12 de *How I Met Your Mother*), incluso ver cómo se prepara. Bueno, eso último igual solo le pasa a Randy en el 14x14 de *South Park*, sobre todo lo de sentirse TAN bien. Estupendamente se ve a Ernie Niles comiéndolo en el Double-R Diner, por lo menos hasta que entra Denise Bryson a hablar con él (*Twin Peaks* 2x12).

5x01 «Pot Luck»

CURIOSIDADES

KFC es una cadena importante en el mundo real, de hecho, es la segunda que más franquicias tiene en el planeta después de McDonald's. En el mundo de las series, tenemos nuestras propias cadenas: Pollos Hermanos, cadena de la que Gustavo Fring posee 14 franquicias y que vemos por primera vez en el 2x11 de *Breaking Bad*; y Mr. Cluck's Chicken Shack, la cadena en la que primero trabaja Hurley y después convierte en Hurley's New Chicken Shack! (*Lost* 2x04). Por cierto, como muestra de cómo está concentrado el dinero del mundo, KFC pertenece a una empresa que también es dueña de otras dos superconocidas cadenas, Pizza Hut y Taco Bell.

PARA REVISIONADOS

Ternera a la parmesana

Ingredientes

- 2 chuletas de ternera (2 cm de grosor)
- 1 taza de harina
- 2 huevos
- 2 tazas de *panko* (o pan rallado)
- 2 tazas de salsa *marinara* (pág. 148)
- Queso mozzarella rallado
- Unas hojas de albahaca fresca
- Aceite de oliva para freír
- Sal y pimienta

 Tiempo de preparación: **55 min** Drama de cable ✳**2 personas**

Preparación:

▸ Precalentamos el horno a 200 ºC. ▸ Aplanamos las chuletas con un mazo para carne o un rodillo hasta que nos queden de 1 cm de grosor. ▸ Ponemos la harina, el huevo batido y el *panko* en 3 platos y los salpimentamos ligeramente. ▸ Salpimentamos también las chuletas y las rebozamos, primero en la harina, luego en el huevo, y por último, en el *panko*. ▸ Freímos en una sartén a fuego medio-alto con 1 cm de aceite hasta que estén doradas por ambos lados. ▸ Sacamos sobre papel absorbente. ▸ Metemos las chuletas al horno. ▸ A los 15 min, las bañamos con la salsa, cubrimos con mozzarella y dejamos 10 min más. ▸ Para servir, ponemos encima unas hojas de albahaca fresca y el resto de la *marinara* en una salsera.

BOARDWALK EMPIRE

5x03 «What Jesus Said»

Nucky está decidido a conseguir lo que quiere: convencer a Joseph Kennedy de que podrían unirse en el negocio del ron y tener una relación empresarial importante. Durante todo el episodio Nucky intenta impresionarle y marchar a su ritmo, un ritmo marcado por la intención de dejar un legado a su familia y no beber alcohol (para no perpetuar la imagen de borracho de los irlandeses católicos). Y aunque no encaja exactamente con esos ideales, empezó con buen pie invitándole a comer este plato: una enorme chuleta de ternera rebozada, frita en aceite de oliva y «ahogada» en queso y salsa de tomate. Nosotros hemos elegido hacer una versión un poco más manejable.

CROSSOVER

Este plato parece el preferido de Robert Goren, o eso creemos después de escuchar a una camarera decir que lo ha pedido 5 noches seguidas en el restaurante (*Law & Order: Criminal Intent* 2x23). También le gusta a otro agente de la ley, Dwight Harris del FBI, al que en varias ocasiones vemos comiendo la versión del plato en bocadillo que ponen en Satriale's (*The Sopranos* 6x01), aunque nos parece un plato raro para comer entre pan y pan. Desde luego, es un plato de ensueño y nos encanta. Que no de sueño, como el que cocina Rory Gilmore en uno de su amiga Paris (*Gilmore Girls* 5x06).

CURIOSIDADES

Este plato, como el pollo a la parmesana, realmente es una variación del original que se cocina con berenjena y conocido simplemente como *parmigiana*, por su origen en la zona italiana de Parma, aunque zonas del sur de Italia también dicen que es de su invención. Otra forma italiana de preparar la ternera la vemos en el 3x07 de *The Americans*, a la milanesa. Igual que el plato anterior, normalmente el plato se conoce simplemente como «milanesa», y también se trata de una proteína o verdura rebozada.

Meatloaf

Ingredientes

- 2 rebanadas de pan de molde
- 100 g de champiñones
- 3 filetes de anchoa
- ½ cucharadita de Marmite
- 2 cucharaditas de Perrins
- 1 cucharadita de pimentón
- 2 dientes de ajo
- 1 cebolla
- 1 zanahoria
- 1 tallo de apio
- 2cucharadas de mantequilla
- 400 g de ternera picada
- 400 g de cerdo picado
- 2 huevos
- 1 taza de provolone rallado
- Perejil fresco
- Sal y pimienta

Para el glaseado

- ¾ taza de kétchup
- ¼ taza de azúcar moreno
- ½ taza de vinagre de sidra
- ½ cucharadita de pimienta negra

 Tiempo de preparación: **115 min** TV movie ✷**6 personas**

Preparación:

▶ Trituramos en una picadora los champiñones con el pan y las anchoas. ▶ Reservamos. ▶ Cortamos muy fino la cebolla, la zanahoria, el apio y el ajo. ▶ Rehogamos las verduras 7 min en una sartén con mantequilla. ▶ Salpimentamos y añadimos la salsa Perrins, Marmite y pimentón. ▶ Retiramos del fuego. ▶ Cuando las verduras estén a temperatura ambiente, las mezclamos en un bol con la carne picada, los huevos, el queso, el perejil y la mezcla de champiñones. ▶ Amasamos con la mano y rectificamos de sal. ▶ Engrasamos bien un molde para *plum cake* y echamos la mezcla de carne, apretando bien para que quede compacta. ▶ Refrigeramos mientras se precalienta el horno a 175 ºC. ▶ Horneamos durante 1 hora. ▶ Mientras tanto, hacemos el glaseado. ▶ Mezclamos todos los ingredientes y cocinamos 2 min. ▶ Desmoldamos el pastel de carne sobre una fuente y lo pintamos por todos los lados con el glaseado. ▶ Volvemos a meter al horno (a 200 ºC) y repetimos el glaseado 2 veces cada 4 min. ▶ Dejamos reposar 15 min antes de cortar.

PHINEAS AND FERB

3x07b «Meatloaf»

Mientras Linda actúa como juez en el *Danville's Meatloaf Festival Cook-off* para descubrir quién prepara el mejor *meatloaf*, Phineas y Ferb se disponen a construir el castillo hinchable más grande y genial del mundo, Candace intenta conseguir un recuerdo de su banda preferida en una subasta y el Dr. Doofenshmirtz quiere participar (y ganar) en el concurso del festival con una receta familiar. De algún modo, todo termina entrecruzándose. Los ganadores de la mejor receta de *meatloaf* resultan ser los miembros de la banda preferida de Candace, Tiny Cowboy, que tienen una canción dedicada al plato. Y sorpresa, el cacharro que inventa Doofenshmirtz se vuelve en su contra. Nunca aprenderá.

CROSSOVER

Este plato es la comida preferida de Finn, de **Adventure Time**, por lo que se ve en el 5x27, y un plato muy de comer en familia. Ejemplos son el que está en la mesa de los Briggs en el 1x02 de **Twin Peaks** (el trozo que tenía la madre en el plato termina con algo que no da muchas ganas de comer) y el que tienen para cenar los Brown en el 1x02 de **Everwood**, aunque sea un poco desastre (solo podemos decirle al doctor Brown que se dedique a la medicina y no a la cocina).

CURIOSIDADES

Tiny Cowboy tiene muy claro qué debe llevar este plato y así lo cantan en su canción *Meatloaf*, que es (probablemente) una parodia del éxito *Wonderwall*, de los británicos Oasis: «Ternera picada, pan rallado, cebolla y huevo.» (...) «Tan jugoso y sabroso, es ternera con forma de pan». En el episodio, los componentes del grupo reciben sus voces cortesía de los músicos Peter Noone y Davy Jones, de los grupos Herman's Hermits y The Monkees. Dos cameos que se unen al de Jamie Oliver, un chef televisivo que se preocupa mucho por la alimentación sana de los más jóvenes (no sabemos si es el mejor plato para ejemplificarla).

PARA REVISIONADOS

Ensalada de patata

Ingredientes

- 300 g de patatas
- 2 huevos cocidos
- ½ tallo de apio picado
- ¼ taza de pepinillos picados
- 1 cebolla roja picada
- ½ taza de mayonesa (pág. 151)
- ⅔ cucharadas de mostaza Dijon
- ⅔ cucharadas de vinagre
- Unas ramitas de eneldo fresco
- Sal y pimienta

 Tiempo de preparación: **25 min** Dramedia ⋆**2 personas**

Preparación:

▶ Pelamos las patatas, las cortamos en dados y las ponemos en una cazuela cubiertas de agua y un poco de sal. ▶ Cocemos 15-20 min, hasta que estén blandas. ▶ Mezclamos en un bol la mayonesa con la mostaza y el vinagre. ▶ Añadimos la cebolla, los pepinillos y el apio picado. ▶ Picamos los huevos, salpimentamos y lo mezclamos todo con la salsa. ▶ Por último, espolvoreamos unas ramitas de eneldo fresco. ▶ Servimos con galletas saladas (*crackers*).

SIX FEET UNDER

5x07 «The Silence»

Ruth está intentando aprovechar su soledad para hacer todo lo que nunca ha hecho y sacarle el mayor partido a la vida. Su amiga, la actriz Victoria Adams, la ha invitado a una fiesta. No hace falta que lleve nada, pero claro, no va a aparecer con las manos vacías. Cuando llega a la fiesta con una enorme bandeja de su «famosa ensalada de patata», se da cuenta de que está fuera de lugar, la comida, y ella: el ambiente elegante choca con su gigantesca bandeja de aluminio y su chaqueta de punto. A punto de marcharse, Victoria la ve y hace un sitio en la mesa para la ensalada. Todos la tratan de una forma que creen amable, pero Ruth, enfadada, se deshace de ella en el baño.

CROSSOVER

Grandes cantidades de ensalada de patata pueden ser útiles en una comida con mucha gente (como en el 1x07 de *Togetherness*), pero peligrosas si alguien decide que es su trabajo comérsela toda. No sienta bien, como descubre Abbi en el 1x07 de *Broad City*. Prepararla también tiene el peligro implícito de que una esponja que vive en una piña debajo del mar acabe metiendo los pies en el bol de ensalada (*SpongeBob Squarepants* 3x08). Lo normal.

ESCENAS ELIMINADAS

Las comidas y cenas familiares son bastante comunes en esta serie, muchas veces con Ruth en la cocina ocupándose de todo. Eso sí, los menús se parecen mucho a esas típicas comidas que se ven en las mesas de las series: pasta (2x01), pollo asado con patatas cocidas y espárragos trigueros (2x01), más ensalada de patata (3x05)… Aunque a veces se vislumbran cosas diferentes como *moussaka* (2x07), croquetas de garbanzos (3x04)… Y, cuando salen de casa, también se animan con cosas como vieiras (3x02), o *chicken and waffles* (2x01).

Coq au vin

Ingredientes

- 2 cuartos traseros de pollo
- 2 lonchas de panceta
- 2 cucharadas de coñac
- ⅛ cucharadita de tomillo seco
- 1 hoja de laurel
- 10 chalotas
- 1 ½ cucharadas de harina
- 1 taza de vino Borgoña o Pinot Noir
- 1 taza de caldo de pollo
- ½ cucharada de concentrado de tomate
- 1 diente de ajo picado
- 200 g de setas
- Aceite de oliva
- Sal y pimienta

 Tiempo de preparación: **65 min** Drama de HBO ⭐**2 personas**

Preparación:

▶ Doramos la panceta en una cazuela a fuego medio-alto con 1 cucharada de aceite. ▶ Retiramos la panceta y freímos el pollo en el mismo aceite hasta que esté dorado. ▶ Añadimos el coñac, dejamos que hierva y flambeamos (cuidado con la campana extractora). ▶ Salpimentamos, echamos el tomillo, el laurel y las chalotas. ▶ Tapamos y dejamos hervir durante 10 min (a la mitad, le damos la vuelta al pollo). ▶ Espolvoreamos la harina y removemos hasta que se disuelva. ▶ Tapamos y dejamos cocinar 4 min. ▶ Añadimos el vino y caldo suficiente para cubrir el pollo. ▶ Echamos el resto de ingredientes y la panceta, tapamos y dejamos cocer 30 min. ▶ Comprobamos que el pollo esté hecho y las chalotas tiernas. ▶ Si la salsa está muy ligera, retiramos el pollo, subimos el fuego y la dejamos hervir unos min para que reduzca. ▶ Rectificamos de sal y servimos.

AMERICAN HORROR STORY

2x01 «Welcome to Briarcliff»

Todo en esta serie es extraño y retorcido. Lo que podía ser una monja cocinando un plato que después come con el monseñor, se convierte en otra cosa. La hermana Jude cocina este plato mientras reza un avemaría, para después prepararse para la cena con monseñor Timothy poniéndose un sensual camisón rojo y perfume bajo su hábito. El plato en sí tiene un poco más de significado ya que en la escena de la cena descubrimos que ha renunciado a las bebidas espirituosas y uno de los ingredientes básicos es vino («*coq au vin*», literalmente, es «gallo al vino»). Para retorcerlo un poco más, la cena nos deja ver los deseos prohibidos de Jude hacia este cura que quiere llegar a ser Papa.

CROSSOVER

Alguien que parece que sabe lo que hace con este plato es Megan, a quien vemos cocinándolo en el 7x01 de **Mad Men**, y alguien que parece saber qué lleva es Don, que pregunta si el pollo se ha bebido todo el vino o queda para él. Eso sí, no en todo momento está uno de humor para comer *coq au vin*, y si no, mirad cómo reacciona Callie en el 8x06 de **Grey's Anatomy** al ver que Mark ha hecho la cena: ella solo quería comer una pizza y beber cerveza con Arizona. Por cierto, justo lo contrario dice, literalmente, (pero no piensa) Rufus en el 4x20 de **Gossip Girl**.

CURIOSIDADES

Un plato muy famoso y que es básicamente el mismo que este, pero preparado con ternera, es el *bœuf bourguignon*, un plato típico de la Borgoña francesa que, por cierto, también sabe preparar Megan (**Mad Men** 5x08). No es la única, Lynette lo prepara en el 8x18 de **Desperate Housewives** para tratar de conquistar a alguien. Y Betty dice en el 2x05 de **Masters of Sex** que es una de las cosas que puede pedir que le preparen en cualquier momento, ahora que está viviendo la buena vida.

PARA REVISIONADOS

Cóctel de gambas

Ingredientes

- 1 limón
- Sal
- 20-25 gambas grandes o langostinos

Para la salsa cóctel

- ½ taza de salsa de chile dulce
- ½ taza de kétchup
- 3 cucharadas de zumo de limón
- ½ cucharada de salsa Perrins
- De ¼ a 1 cucharada de tabasco, según gustos
- 3 cucharadas de salsa *horseradish* (pág. 147)

 Tiempo de preparación: **25 min** Comedia ⋆**4 personas**

Preparación:

▶ Cocemos las gambas en agua hirviendo con sal y medio limón. ▶ Las dejamos cocinar con la cazuela destapada alrededor de 3 min, hasta que estén cocinadas por completo. ▶ Las sacamos y las ponemos en un bol con agua con hielo para cortar la cocción. ▶ Cuando estén frías, las escurrimos y mantenemos en el frigorífico hasta servir. Si se usan gambas sin pelar, aumentamos el tiempo de cocción a 5 min. ▶ Para la salsa cóctel, simplemente combinamos todos los ingredientes necesarios en un bol y removemos hasta que todo esté bien incorporado. ▶ A la hora de servir, se puede hacer de una forma un poco más moderna, como se ve en la fotografía, o se puede abrazar por completo la estética ochentera e ir a los clásicos.

THE GOLDEN GIRLS

5x07 «Not Another Monday»

Esta comedia nos dejó inolvidables escenas, así como grandes personajes en Dorothy, Rose, Blanche y Sophia. La última es una de las protagonistas del episodio que nos ocupa. En una escena que, aunque mantiene sus momentos de humor, tiene un trasfondo triste y oscuro, vemos como una de sus amigas está pensando en disfrutar de su última comida antes de suicidarse. Si estando así este plato tan característicamente ochentero, anticuado y de presentación extravagante, es una comida que viene a la mente, es que algo de especial tiene que tener.

CROSSOVER

En *Halt and Catch Fire*, otra serie ochentera, aunque solo en ambientación, durante el episodio 1x09, los protagonistas dan una fiesta para presentar su nuevo ordenador portátil y el cóctel de gambas es una de las armas para proyectar una sensación de éxito. Lo mismo hacen en Sterling & Cooper para recibir a un cliente en el 1x01 de *Mad Men*, aunque no es muy buena idea, porque es Rachel Menken, que es judía. Parece que este plato deja la sensación a quien lo toma de que está viviendo bien, o por lo menos a Maeby en el 1x02 de *Arrested Development* y a George en el 8x13 de *Seinfeld* (o hasta que empiezan a reírse de él.).

ESCENAS ELIMINADAS

El resto de lo que sería esta hipotética última comida de la amiga de Sophia consiste en crema de champiñones, espárragos con salsa holandesa y *filet mignon* (la punta del solomillo de ternera), una representación estelar de los menús de hace 30 años.

Chili

Ingredientes

- 450 g de alubias rojas cocidas
- 300 g de carne de ternera picada
- 1 taza de cebolla picada
- 1 pimiento verde picado
- 1 tallo de apio picado
- 1 cucharadita de ajo en polvo
- 1 cucharada de cayena molida
- 2 cucharaditas de comino
- 1 cucharada de orégano
- 1 cucharadita de pimentón
- 1 cucharadita de sal
- ½ cucharadita de pimienta
- 1 ½ tazas de tomate troceado (escurrido)
- 1 taza de tomate triturado
- 1 taza de caldo de carne
- Aceite de oliva

 Tiempo de preparación: **85 min** TV movie ✱**4 personas**

Preparación:

▶ Mezclamos la carne con las especias y la salteamos a fuego alto en una sartén con aceite de oliva hasta que esté dorada. ▶ Bajamos el fuego a medio-alto, añadimos las verduras y rehogamos 5 min. ▶ Echamos las alubias, el tomate y el caldo de carne. ▶ Rectificamos el punto de sal y si os gusta el picante, podéis añadir más cayena molida. ▶ Dejamos cocer 1 hora a fuego lento. ▶ Servimos con un poco de crema agria, queso cheddar rallado y acompañamos con arroz blanco.

THE WEST WING

1x05 «The Crackpots and These Women»

En medio de una reunión, el presidente Barlett recibe la noticia de que su hija Zoey va a ir a casa esa tarde desde Hanover. Decide que es noche de chili en la residencia presidencial e invita a todo el personal que, no está muy emocionado (hasta que les obliga a estarlo). Tiene ganas de cocinar y manda a Charlie a comprar los ingredientes. Pero, claro, este plato se hace y se deja en la olla, no hace falta estar pendiente de él, así que Zoey se cuela en la cocina y empieza a hacer ajustes. Barlett se entera y manda a Charlie con instrucciones: tiene prohibido añadir más comino al chili. Zoey le pide que lo pruebe para demostrar que tiene razón, pero Charlie dice que lo que falta es orégano. Tienen trabajo que hacer.

CROSSOVER

El truco de Kevin para preparar chili, como nos cuenta al comienzo del 5x24 de **The Office**, es no cocinar del todo la cebolla, aunque como vemos en la escena, realmente no importa su esfuerzo. Unos que no os apetecerá probar son los del 5x04 de **South Park** y el 4x08 de **Sons of Anarchy**; mientras que, contra todo pronóstico, el que se prepara en el 3x04 de **The Vampire Diaries** pinta bien. Por cierto, se dice que comer platos picantes ayuda a combatir el calor, aunque no sabemos si a Meadow le sirvió para mucho en el 5x09 de **The Sopranos**.

CURIOSIDADES

Este plato tiene que ser picante, más o menos, pero picante. No tanto como el que prepara Wiggum para el festival que celebra el plato (**The Simpsons** 8x09), cuyo ingrediente secreto son los crueles pimientos de Quetzlzacatenango, cultivados en la jungla por pacientes de un manicomio guatemalteco. No sabemos cuál será su índice en la escala Scoville de picor, eso sí. En lo más alto de la escala están compuestos químicos como la capsaicina y la resiniferatoxina (con un valor de 15.000.000 unidades). Nosotros hemos puesto cayena molida, que tiene un valor de 30.000-50.000 unidades.

PARA REVISIONADOS

Chuletas de cerdo

Ingredientes

- 2 chuletas de cerdo de unos 250 g
- 2 tazas de pan rallado
- ¼ taza de aceite vegetal
- I cucharadita de sal
- Icucharadita de cebolla en polvo
- 3 cucharaditas de pimentón
- 2cucharaditas de azúcar
- I cucharadita de ajo en polvo
- I cucharadita de pimienta molida
- ½ cucharadita de cayena molida
- ½ cucharadita de perejil seco
- ½ cucharadita de orégano seco
- ½ cucharadita de albahaca seca

 Tiempo de preparación: **55 min** Drama de cable ✳**2 raciones**

Preparación:

▸ Precalentamos el horno a 175 ºC. ▸ Mezclamos todos los ingredientes, menos las chuletas, y las cubrimos bien con la mezcla (podemos dividirla en dos, echar cada mitad en una bolsa con una chuleta, cerrarla y agitar hasta que se adhiera a la carne). ▸ Ponemos las chuletas en una fuente de horno engrasada y echamos por encima el rebozado que nos haya quedado. ▸ Horneamos 30-45 min.

THE SIMPSONS

11x03 «Guess Who's Coming to Criticize Dinner»

Homer Simpson es un gran amante de la comida. Junto al bacon, las chuletas de cerdo son sus preferidas. En muchos episodios lo hemos visto comiendo chuletas pero, hasta este, no sabíamos cómo las cocinaba Marge. Homer se convierte en el crítico de cocina del periódico de Springfield y, tras una charla con el resto de críticos que le acusan de ser siempre positivo, va al otro extremo, clamando que ahora tiene un paladar más sofisticado (aunque no sepa lo que significa). Y esta nueva actitud no la aplica solo a los restaurantes, también a la cocina de Marge, que recibe comentarios sin venir a cuento y más, teniendo en cuenta que, cuando se va de la mesa airado, Homer se lleva un par de chuletas en la mano.

CROSSOVER

Las chuletas de cerdo tienen un gran atractivo en los Estados Unidos desde siempre, o eso parece que nos transmite la escena del restaurante del 2x21 de *I Love Lucy*, donde todo el mundo acaba queriendo cambiar su elección y pedirlas. Se pueden comer hasta para desayunar, como vemos en la cabecera de *Dexter*. Pero también pueden ser peligrosas herramientas, por eso de tener hueso (dos ejemplos los tenemos en el 9x22 de *CSI: Crime Scene Investigation* y el 3x05 de *Orphan Black*) y otras cosas que dan lugar a historias que no estamos seguros de querer conocer (*Orange is the New Black* 1x04).

ESCENAS ELIMINADAS

«Marge, lo siento, pero tu cocina solo tiene dos movimientos, *shake and bake* (agitar y hornear)». A lo que Homer hace referencia es al *Shake n' bake*, un producto inventado por Kraft que consiste en bolsas de rebozado para cerdo y pollo en las que se mete la carne, se agita y después se cocina en el horno o el microondas. Este producto se anuncia desde los años 70 y se vende como una forma más sana de cocinar que friendo porque, en teoría, no requiere aceite. En cualquier caso, sabemos que a Homer le encanta. Tanto, de hecho, que según dice Marge, solía echárselo en el café.

Chicken pot pie

Ingredientes

- 1 lámina de masa quebrada (pág. 146)
- ½ cebolla troceada
- 2 zanahorias troceadas
- 1 diente de ajo picado
- ¼ taza de harina
- 2 tazas de caldo de pollo
- ½ taza de guisantes congelados
- 500 g de contramuslo de pollo
- 2 cucharadas de mantequilla
- 1 cucharada de perejil picado
- 1 huevo batido
- Sal y pimienta

 Tiempo de preparación: **95 min** TV movie ⭐**4 personas**

Preparación:

▶ Salpimentamos el pollo, lo doramos en una cazuela y lo cubrimos con agua. ▶ Cuando hierva, dejamos cocer 30 min; luego sacamos del agua y reservamos. ▶ En una sartén, rehogamos 8 min la cebolla y las zanahorias en la mantequilla. ▶ Añadimos el ajo, removemos 30 segundos e incorporamos la harina. ▶ Cocemos 2 min y añadimos lentamente el caldo sin dejar de remover. ▶ Llevamos a ebullición y cocinamos 5-7 min, hasta que espese. ▶ Echamos los guisantes y salpimentamos. ▶ Reservamos. ▶ Precalentamos el horno a 190 °C. ▶ Desmenuzamos el pollo y lo mezclamos con la salsa. ▶ Vertemos todo en una fuente de horno y tapamos con la lámina de masa quebrada, pintamos con huevo batido y horneamos 35 min.

SOUTH PARK

1x01 «Cartman Gets an Anal Probe»

Una escena del primer episodio de la serie que vimos repetida más veces, es la de un Cartman diciendo a una mascota que no puede comerse su *pot pie* (un ejemplo, en el 2x16). En este caso, es Eric el que, efusivamente, intenta comunicarse con su gato, que quiere comer un poco de su *pot pie*, sin mucho éxito (quitar comida de las manos de este personaje, no suele ser lo más fácil del mundo). No se dice en ningún momento, pero como es la versión más clásica y sabemos, por experiencia personal, que a los gatos les gusta bastante el pollo, esa es la versión que os contamos. Así podéis recrear la escena en vuestras casas si tenéis mascota.

CROSSOVER

El tipo de *pot pie* más cocinado en los EE.UU. es el que nos ocupa aquí. Y, claro, siendo así, la encontramos en bastantes series, desde *Twin Peaks* (2x18) a *The Big Bang Theory* (7x01), pasando por *Modern Family* (2x05) o *The Mindy Project* (2x01). Incluso cuando no estamos seguros, asumimos que el pollo es la proteína presente, como en el 3x08 de *American Horror Story*. Pero, hay otras muchas cosas que se pueden poner en una *pot pie*: ya sea de ternera (*How I Met Your Mother* 4x17), pavo (*Bates Motel* 1x03) o ingredientes menos habituales como langosta (*Gossip Girl* 4x09) o riñones y salchicha (*Hannibal* 1x03).

CURIOSIDADES

En este mismo episodio aparece el *snack* preferido de Eric, los Cheesy Poofs, que a todo el mundo pueden recordar a algún *snack* real de maíz con sabor a queso, y que vemos en otros episodios de la serie en diferentes contextos (1x08, 10x03, 11x13 o 15x13). Se hicieron tan famosos que la cadena que emite la serie sacó ediciones limitadas del producto en 1998 y 2011.

PARA REVISIONADOS

Fish 'n' chips

Ingredientes

- 4 lomos de bacalao
- Harina
- Aceite de oliva
- Sal y pimienta
- 4 patatas medianas

Para el rebozado
- 1 taza de harina
- 1 cucharadita de bicarbonato
- ½ cucharadita de sal
- 1 lata de cerveza fría

 Tiempo de preparación: **45 min** Drama ⋆**2 personas**

Preparación:

▶ Mezclamos en un bol la harina con el bicarbonato, una pizca de sal y un poco de pimienta. ▶ Añadimos poco a poco la cerveza mientras vamos mezclando con un tenedor. ▶ Echamos el zumo de limón, mezclamos y reservamos en la nevera. ▶ Pelamos las patatas y las cortamos en bastones; las lavamos bajo el grifo y escurrimos bien. ▶ Las freímos a fuego medio-alto en abundante aceite durante 5-7 min, hasta que se hayan ablandado, pero sin que se doren. ▶ Las sacamos sobre papel absorbente. ▶ Mientras, enharinamos bien los lomos de bacalao para freírlos en el mismo aceite. ▶ Bajamos un poco el fuego y uno a uno, cubrimos bien los lomos de pescado con el rebozado de cerveza y los freímos hasta que estén dorados. ▶ Dependiendo de su grosor, estarán en 6-10 min. ▶ Subimos un poco el fuego y freímos otra vez las patatas hasta que estén doradas. ▶ Sacamos sobre papel absorbente y les echamos sal. ▶ Servimos con cuartos de limón.

BROADCHURCH

1x02 «Episode #1.2»

El asesinato de un niño conmociona a una pequeña comunidad inglesa y el detective Alec Hardy es enviado al cargo de la investigación, cosa que no hace gracia a Ellie Miller, que esperaba un ascenso. Intentan resolver el crimen, pero tienen diferentes formas de ver el mundo. En la escena que nos ocupa, el sombrío detective está en su oficina cuando Ellie le lleva la cena: el restaurante tailandés estaba cerrado, así que toca comer del *chippie* (sitios especializados en este plato), lo único que estaba abierto. Pero Hardy se niega. «¿No comes *fish n' chips*? ¿Qué clase de escocés eres?». Y mientras discuten detalles del caso, y Ellie se indigna con su superior, van comiendo su.

CROSSOVER

En el 15x04 de *The Simpsons*, la familia amarilla visita el Reino Unido y pasa por una cadena que tiene este plato como especialidad, Judi Dench's Fish & Chips, pero si quieres *fish n' chips* bien hechos, tienes que irte a las series británicas, claro, y unos buenos ejemplos son el 2x06 de *Gavin & Stacey*, el 4x02 de *Call the Midwife*, el 3x01 de *Sherlock* o el 7x01 de *Spooks*, donde alguien que lleva 8 años fuera de Inglaterra (concretamente en Rusia), lo primero que pide al volver es este plato.

ESCENAS ELIMINADAS

En el 1x02 del poco exitoso *remake* estadounidense de esta serie británica, *Gracepoint*, nos encontramos con una escena similar con diferencias no muy sutiles (y no hablamos de que el plano sea un espejo en la versión americana): Miller lleva la cena al despacho, pero en este caso, es un burrito, porque el chino estaba cerrado. La respuesta de su superior también es negativa, pero preguntando si tiene frijoles, porque no le gustan. Curioso intercambio culinario.

Cassoulet

Ingredientes

- 280 g de panceta fresca
- 300 g de salchichas frescas
- 600 g de alubias blancas
- 1 tallo de apio
- 1 cebolla
- 1 zanahoria
- 6 dientes de ajo enteros
- 1 diente de ajo picado
- 1 atadillo de hierbas
- ¼ cucharadita de clavo de olor
- 2 cucharaditas de zumo de limón
- 1 lata de confit de pato
- Pan rallado
- Perejil fresco
- Aceite de oliva
- Sal y pimienta

 Tiempo de preparación: **285 min** Miniserie ★**4 personas**

Preparación:

▸ Dejamos en remojo las alubias la noche anterior. ▸ En una cazuela, rehogamos la panceta cortada en trozos, añadimos las alubias y cubrimos con agua fría. ▸ Llevamos a ebullición y cocemos 20 min. ▸ Colamos y reservamos. ▸ Precalentamos el horno a 120 °C. ▸ En una cazuela que pueda ir al horno, rehogamos en aceite de oliva las verduras y el ajo 5 min. ▸ Añadimos el atadillo de hierbas y cocemos a fuego bajo 5 min. ▸ Echamos las salchichas (sin piel) troceadas, las alubias y la panceta. ▸ Añadimos 1 litro de agua, el clavo, el zumo de limón y salpimentamos. ▸ Metemos la cazuela al horno y dejamos 2 horas removiendo ocasionalmente *(en olla a presión 45 min). ▸ Sacamos del horno, añadimos los muslos de pato y cocemos a fuego fuerte hasta que hierva. ▸ Espolvoreamos con pan rallado y el diente de ajo picado y horneamos 2 horas más *(si hemos usado la olla a presión, cocinamos 30 min destapado). ▸ Servimos con perejil fresco picado por encima.

NORTHERN EXPOUSURE 3x01 «The Bumpy Road to Love»

El Dr. Joel Fleischman no está hecho para Cicely, Alaska, pero termina encajando, a su modo, con los extraños habitantes del pueblo. Uno de esos extraños habitantes es Adam, anteriormente chef famoso y ahora un chiflado que va por la vida desaliñado y quejándose de la comida de los demás. Este individuo está casado con Eve, una hipocondriaca que pide la ayuda del joven doctor. Todo acaba complicándose de tal manera que Joel se encuentra atrapado en la cabaña del matrimonio, como rehén de Eve sin darse cuenta. Por lo menos le alimentan bien (aunque esté encadenado) con este clásico francés de toda la vida que, dicen, siempre está mejor al día siguiente. Apuntamos.

CROSSOVER

Al parecer Mira, una de las cocineras de Emily y Richard Gilmore (la última en una larga lista de la que Lorelai no era consciente), cocina este plato estupendamente (*Gilmore Girls* 1x03). Sin salirnos del ambiente aristocrático, también disfruta de una *cassoulet*, uno de sus platos preferidos, Emma Channing en el 8x04 de *Falcon Crest*. En esa mesa solo hay dos personas, pero sería complicado que hubiera más mentiras (y no nos referimos a que no le gusten las alcachofas).

CURIOSIDADES

La *cassoulet* podríamos decir que forma parte de un amplio grupo de alimentos que en Estados Unidos conocen como *casserole*: la *cassoulet* sería una *casserole* de alubias. En el 1x03 de *Mad About You*, Jamie dice a Paul que está cocinando *cassoulet* y cuando él le pregunta que qué es eso, le dice que es lo mismo que una *casserole*; y en el 4x12 de *Pretty Little Liars*, cuando alguien, hablando francés, dice *cassoulet*, lo traducen como *casserole*. No es que sea exactamente lo mismo, pero los perdonamos.

Cottage pie

Ingredientes

- 500 g de carne de ternera picada
- 3 cucharadas de aceite de oliva
- 1 cebolla picada
- 2 zanahorias picadas
- 1 tallo de apio
- 1 diente de ajo picado
- 1 ½ cucharadas de harina
- ½ cucharada de concentrado de tomate
- ½ taza de vino tinto
- 2 tazas de caldo de carne
- 2 cucharadas de salsa Perrins
- 2 hojas de laurel
- 1 ramita de tomillo fresco
- 600 g de patatas cocidas
- ⅓ taza de leche
- ½ taza de mantequilla
- ⅓ taza de cheddar rallado fino
- Nuez moscada rallada

 Tiempo de preparación: **95 min** TV movie ★**4 personas**

Preparación:

▸ Salteamos la carne picada en una sartén con aceite hasta que esté dorada. ▸ Reservamos. ▸ En la misma sartén, ponemos un poco más de aceite y rehogamos a fuego medio la cebolla, la zanahoria y el apio hasta que estén blandos, unos 15 min. ▸ Añadimos el ajo, el tomate y la harina, subimos a fuego medio-alto y añadimos el vino y la carne, dejamos evaporar. ▸ Incorporamos el caldo, la salsa Perrins y las hierbas. ▸ Llevamos a ebullición y dejamos cocer 40 min. ▸ Si a los 30 min aún hay mucho líquido, subimos a fuego alto para que se reduzca. ▸ Rectificamos de sal y retiramos el laurel y el tomillo. ▸ Mientras tanto, hacemos el puré, majando las patatas con la mantequilla, la leche y ¾ del queso; sazonamos y echamos la nuez moscada. ▸ Disponemos la carne en una fuente y cubrimos totalmente con el puré de patata. ▸ Espolvoreamos con el queso restante. ▸ Horneamos a 200ºC durante 25-30 min o hasta que la superficie esté dorada.

DEXTER

8x08 «Are We There Yet»

Dexter, el asesino de asesinos, el psicópata que finge ser una persona normal, tiene una vida de lo más agitada e interesante para los espectadores de su serie. Lo que no sabíamos es que también había personajes que podían quedar fascinados con alguien como él de una forma tan maternal y al mismo tiempo tan académica, hasta que llegó la Dra. Vogel. Las circunstancias en esta temporada llevan a una escena muy curiosa en el episodio, con la buena doctora dando de cenar a Dexter, Hannah y Zach, creando una estampa lo más parecida a una familia de verdad que podemos imaginar para esos personajes.

CROSSOVER

Hay unas cuantas series en las que aparece este plato, y en todas ellas los personajes se refieren a él como *shepherd's pie*: desde el 6x21 de *Castle*, al 2x01 de *House of Cards* (2013), pasando por el 5x05 de *Alias*, el 1x11 de *Will and Grace* (aunque no saben qué es exactamente) o el 3x03 de *Blackadder*.

CURIOSIDADES

La mayoría de las veces que escuchéis hablar de este plato, será como *shepherd's pie*. La realidad es que el término original era «cottage pie» y después se empezó a usar también «shepherd's pie» como sinónimo, sin distinción. Hoy en día, la mayoría de la gente suele usar «cottage» cuando la carne usada es de ternera y «shepherd» (pastor) cuando es carne de cordero. En cualquier caso, es un plato de origen británico del cual hay más variaciones, como por ejemplo la *Cumberland pie*, que añade una capa de pan rallado encima del puré de patata.

Pot roast

Ingredientes

- 1 kg de aguja de ternera
- 2 cebollas
- 6 zanahorias
- 6 patatas tipo *fingerling*
- 1 tallo de apio
- 2 hojas de laurel
- 4 dientes de ajo
- 2 ramitas de tomillo
- 2 cucharadas de harina
- 2 cucharadas de concentrado de tomate
- 3 tazas de caldo de carne
- 2 tazas de vino blanco seco
- 1/3 taza de coñac
- Aceite de oliva
- Sal y pimienta

 Tiempo de preparación: **245 min** Miniserie ✶**6 personas**

Preparación:

▸ Atamos la carne formando un cilindro. ▸ Salpimentamos y enharinamos; la doramos en una cazuela con aceite, 5 min por lado. ▸ Reservamos. ▸ Precalentamos el horno a 150 ºC. ▸ Añadimos a la cazuela las cebollas cortadas en mitades y las zanahorias troceadas; rehogamos 5 min. ▸ Incorporamos el tomate y el ajo; cocemos 4 min. ▸ Añadimos el coñac y desglasamos. ▸ Echamos el vino, el caldo, el laurel, el tomillo, el apio y la carne que habíamos reservado. ▸ Cuando hierva, metemos al horno y cocemos tapado 3 horas *(40 min en olla a presión). ▸ A mitad de la cocción en el horno, removemos y añadimos las patatas (enteras si son pequeñas, si no, en trozos). ▸ Al final, sacamos la carne y las verduras y reducimos la salsa media hora a fuego medio *(si hemos usado la olla a presión, metemos las patatas en este punto). ▸ Quitamos el hilo de la carne y la servimos acompañada con las verduras y la salsa.

ENTOURAGE

2x12 «Good Morning Saigon»

Después de una de sus salidas de tono habituales, Vince regresa a su casa de Los Ángeles. Solo llevan sin cenar juntos unos días, pero parece que han echado de menos a la estrella. Mientras Drama comprueba qué tal está el *pot roast* en el horno, ya con la mesa puesta, las ensaladas y las cervezas fuera, Ari llama preocupado por Vince: no sabe que ha vuelto a casa y todo está como tiene que estar. Podrían decirle que todo se ha solucionado, pero no van a desperdiciar una ocasión como esta para jugársela al energético agente. Aún con horas de viaje en coche por delante camino a Napa, Ari corre hacia un falso Vince en apuros, mientras los amigos se sientan a cenar tranquilamente en la terraza.

CROSSOVER

Este es un plato que requiere tiempo de cocinado y atención, por eso Sheila no va a dejar que se eche a perder, aunque Frank no aparezca en el 4x12 de *Shameless*. El que ya se ha estropeado es el que ha intentado preparar la capitana Kathryn Janeway para cenar con Jetlaya en el 6x18 de *Star Trek: Voyager*. La cena que se arruina al final, pero no por culpa de la comida, es a la que Meredith había invitado a Maggie en su casa en el 11x06 de *Grey's Anatomy*. Y el *pot roast* que realmente no tiene nada que ver con comida, estamos casi seguros, es el que mencionan Morgan y Alex en el 4x04 de *Chuck*. O igual sí, pero no solo.

ESCENAS ELIMINADAS

Drama es el cocinero personal de su hermano (cuando está tranquilo en casa) y le prepara todo tipo de comidas. Concretamente es un especialista en desayunos, algo normal teniendo en cuenta el estilo de vida de esta gente, las mañanas deben ser muy duras si no las empiezas bien. Ejemplos de desayunos que prepara serían huevos revueltos con diferentes variaciones (1x02, 1x03, 3x19), huevos cocidos con pollo hervido y tostada con mermelada (3x02), gofres (4x04), *frittata* (5x12), *french toast* (6x03)…

Corned beef hash

Ingredientes

- 1 lata de carne vacuna en conserva (corned beef)
- ½ taza de cebolla picada
- 2 dientes de ajo picados
- ½ cucharadita de sal
- 1 ½ tazas de patatas en dados pequeños
- 1 cucharada de mantequilla
- 2 huevos
- Pimienta negra

 Tiempo de preparación: **45 min** Drama ✶**2 personas**

Preparación:

▸ Salteamos la cebolla en una sartén con mantequilla hasta que esté translúcida. ▸ Añadimos las patatas y freímos a fuego bajo hasta que estén tiernas, pero no blandas, aproximadamente 15 min. ▸ Subimos a fuego medio-alto y echamos la carne cortada en dados y el ajo picado. ▸ Salpimentamos y dejamos dorar unos 10 min, dándole la vuelta ocasionalmente, hasta que esté un poco tostado. ▸ Mientras tanto, freímos los huevos. ▸ Servimos con los huevos fritos encima y acompañamos con pan tostado.

DEAD LIKE ME

El grupo de segadores de la serie siempre se reúne a comer en el mismo lugar, Der Waffle Haus. Allí, el cocinero, Angus Cook, últimamente ha tenido varias quejas de Rube sobre la comida (1x06 y 1x07) y, en este caso, tiene una muy concreta: «Hablo no solo por mí, sino también por los aficionados al plato, el *corned beef hash* tiene que estar frito, con un exterior crujiente». Angus no se lo toma muy bien. Por cosas del destino, el cocinero está en la agenda de los segadores al día siguiente. Rube se ofrece a cocinar y descubre que estar en la línea de fuego es diferente que ver las cosas desde las trincheras.

CROSSOVER

Este mismo plato es parte del desayuno de Rom en el 5x05 de *Star Trek: Deep Space Nine*, un desayuno que no es su habitual, sino el preferido de O'Brien. Los que querían desayunarlo eran un par de conductores de Vectrocomp en el capítulo 4x17 de *MacGyver*, pero les esperaba una sorpresa muy desagradable en la cafetería. También forma parte del tentempié nocturno que Don y Sally comparten en una preciosa escena del 3x05 de *Mad Men*.

CURIOSIDADES

El *corned beef* es carne de ternera curada en sal. Debe ser una gran industria que mueve mucho dinero. O eso suponemos, viendo la importancia que le dan a un cliente que lo vende en la agencia de publicidad que aparece en el 3x05 de *Murder She Wrote*.

ESCENAS ELIMINADAS

Durante el episodio, Rube tiene que aprender a aguantar la presión de estar en una cocina comercial, para convertirse en un profesional. Con la ayuda del fantasma de Angus, aprende a manejarse en la cocina, pero empieza flojo, preparando huevos fritos, pancakes o huevos pochados sin muchos estándares. Al final, tiene una confrontación con un cliente sobre un *patty melt* (un sándwich de hamburguesa), la verdadera marca de un cocinero de cafetería profesional (según Angus, claro).

PARA REVISIONADOS

113

Pasta fresca casera

Ingredientes
- 200 g de harina
- 2 huevos
- 1 pizca de sal fina

 Tiempo de preparación: **25 min** Comedia ★Tiempo extra +**30' nevera** ★**2 personas**

Preparación:

▸ Mezclamos la sal con la harina en un bol, hacemos un hoyo en medio y echamos allí los huevos. ▸ Con un tenedor, vamos batiendo los huevos e incorporando poco a poco la harina hasta que esté todo integrado. ▸ Pasamos a una superficie enharinada y amasamos bien hasta obtener una masa suave. ▸ Hacemos una bola, la untamos con unas gotas de aceite, la tapamos con papel film y la dejamos reposar en la nevera al menos 30 min. ▸ Para hacerla sin máquina, estiramos con el rodillo hasta conseguir un rectángulo muy fino, espolvoreamos con harina y lo enrollamos por la parte más larga, luego cortamos los tallarines del ancho que queramos con un cuchillo afilado. ▸ Los separamos uno a uno y espolvoreamos un poco de harina o sémola para que no se peguen. ▸ Para cocerlos, será suficiente dejarlos 1-2 min en agua hirviendo con sal. ▸ Con esta base, podemos hacer pasta de todo tipo: lasaña, raviolis... ▸ También podemos saborizarla o darle color añadiendo hierbas o reemplazando los 2 huevos por 1 taza de, por ejemplo, agua de espinacas o remolacha.

PARENTHOOD
4x09 «You Can't Always Get What You Want»

No todo el mundo está hecho para estar en casa y Julia tiene una sucesión de sentimientos intermitentes: o está agobiada o está aburrida. Al comienzo del episodio, la vemos haciendo pasta casera con la máquina que tenía olvidada en un armario. Está muy ilusionada, hablando incluso de empezar a plantar cosas en primavera (tomates, albahaca…). El buen ánimo le dura poco y enseguida sale a flote su frustración: ha vuelto a hacer pasta casera pero los niños le han dicho que prefieren la pasta comercial.

CROSSOVER
Dice Lois que los ricos conducen coches elegantes y compran pasta fresca (*Malcom in the Middle* 1x16), pero seguro que no la hacen ellos mismos, más que nada porque no les hace falta: la pasta fresca es más cara que la seca, pero la pasta fresca casera es mucho más barata que cualquier alternativa. Hay gente a la que le gusta hacerla, o eso le dicen a Daryl de la Srta. Neudermyer en el 5x13 de *The Walking Dead*: tienen pasta seca de sobra, pero ella quiere hacer la suya. También le dicen que, si encuentra una máquina de hacer pasta en sus salidas, se lo agradecería. Las prioridades en el apocalipsis no son iguales para todos.

CURIOSIDADES
Son muchas las teorías que se han elaborado en torno al origen de este alimento. Lo que no vamos a discutir es la lógica de Tony Soprano cuando A.J. le preguntó si era cierto que los chinos habían inventado los espaguetis: «¿Por qué gente que come con palillos inventaría algo que se come con tenedor?» (*The Sopranos* 1x08). Y parece que puede tener razón.

PARA REVISIONADOS

Huevos endemoniados

Ingredientes

- 6 huevos
- ¼ taza de mayonesa (pág. 151)
- 1 cucharadita de vinagre
- 1 cucharadita de mostaza
- ⅛ cucharadita de sal
- Pimentón

 Tiempo de preparación: **35 min** Dramedia ★ **12 raciones**

Preparación:

▶ Hacemos los huevos duros en agua hirviendo y los enfriamos bajo el agua del grifo. ▶ Los pelamos con cuidado, cortamos por la mitad a lo largo y sacamos con cuidado las yemas. ▶ Aplastamos las yemas con un tenedor y mezclamos con la mayonesa, el vinagre, la mostaza y la sal hasta conseguir una textura cremosa. ▶ Rectificamos de sal. ▶ Rellenamos el agujero de las claras con esta crema usando una manga pastelera o una cuchara pequeña. ▶ Espolvoreamos con pimentón al gusto.

ADVENTURE TIME

5X33 «Time Sandwich»

Parece una tradición útil para estas mujeres reunirse en cada lanzamiento: la tensión e incertidumbre, la atención mediática, todo puede ser demasiado para afrontarlo solas. En grupo son más fuertes y no importa en la casa que toque estar pendientes de esos hombres que surcan el espacio, todas llevan comida. Y si hay un plato que no tiene suficiente atención, pero que aparece en cada ocasión, es este. En el episodio, un montaje de cómo la comida se acaba con la espera, revela que los huevos se acaban rápido, pero también podemos verlos en otros momentos (1x02, 1x04, 1x05…), siempre presentes como una constante, igual que la fortaleza de las protagonistas.

CROSSOVER

Un plato habitual de la cocina de los años 50, 60 y 70 y por eso también podemos verlo en *Mad Men* (2x04), por ejemplo. También se come hoy en día, demasiado sencillo y conocido como para desaparecer de las mesas estadounidenses y, claro, en televisión se ve reflejado en diferentes contextos: en un *baby shower* (y sobre un coche) en el 3x06 de *Gilmore Girls;* en un velatorio en el 1x15 de *The Fosters*, dejándonos claro que es un buen plato para preparar acompañado; en una reunión para ver si fracasa la competencia en el 2x06 de *Silicon Valley;* en una fiesta en el 2x14 de *Parks and Recreation* (aunque es Ron el que lo lleva a casa de Leslie)…

ESCENAS ELIMINADAS

En el episodio 1x02 vemos a las protagonistas llevando diferentes platos a estas reuniones, algunos clásicos, otros no tanto, pero siempre comida muy «llamativa»: ensalada china de pollo con anacardos, que Rene dice es «un plato nuevo»; *double decker tuna loaf*, básicamente dos pasteles de atún apilados y con lonchas de queso encima; salchichas cóctel en un palillo con apio y queso; *tater tots surprise*, un guiso hecho con una especie de *hash browns* de forma cilíndrica… Otro clásico que aparece es el apio con queso, que se puede ver también en el 1x03 de *Mad Men*.

ACCIÓN DE GRACIAS

No hay serie estadounidense que se precie que no tenga, por lo menos, un episodio dedicado a esta fiesta. Es una gran oportunidad para reunir a todos los personajes y que se produzcan las situaciones más cómicas o las más tensas, dependiendo del género. Sí, esta celebración nos queda muy lejos culturalmente, pero la hemos visto tantas veces que conocemos al dedillo la tradición y el menú que se sirve. ¿Por qué no animarnos a organizarla para dar gracias por esas series que nos hacen pasar tan buenos momentos? Disfruta de una cena completa de Acción de Gracias con tus amigos seriéfilos, ellos te entenderán.

INTRODUCCIÓN
ACCIÓN DE GRACIAS

Acción de Gracias como tal tiene muchas implicaciones religiosas y tradicionales desde hace siglos. Cuenta la leyenda que la primera cena de Acción de Gracias ocurrió a principios del siglo XVII en Norteamérica para celebrar la buena cosecha del año. Peregrinos y nativos se unieron en la fiesta, cocinando con ingredientes de la tierra. Muchos de los que usaron, como ternera, langosta o almejas, no se suelen usar en las versiones modernas de la celebración, aunque otros como la calabaza y el pavo son imprescindibles, de un modo u otro. Nosotros hemos intentado capturar con nuestro menú de Acción de Gracias gran parte de toda esa tradición, con algunas elecciones que, cómo no, están influenciadas por lo que hemos podido ver en las muchas series que se detienen, una o muchas veces, en esta mítica fiesta. Al final, no están todos los que son, pero son todos los que están.

En cualquier caso, no solo es importante que el origen de los ingredientes sea nativo americano (más históricamente que de forma práctica), sino también que es una cena típica de una época del año concreta: el cuarto jueves de noviembre. Eso quiere decir que hay muchos ingredientes de temporada, por no hablar de que el clima acompaña más.

En el caso de la cena que nosotros os hemos preparado, calculamos que daría de comer a unas 10 personas (y dejaría algunas sobras, como manda la tradición, para poder preparar un sándwich al estilo del que hace Monica para Ross en el 5x09 de *Friends*). ¿Cómo calculamos esto? Pues hay que partir del pavo. Por cada kilogramo de pavo, comen 2-3 personas. Esa es la base para ver cuántos vamos a ponernos a la mesa. Seguramente ahora os parezca más «meritorio» el hecho de que Joey se comiera él solito un pavo de más de 8,5 kg (*Friends* 8x09).

Aunque, si hay que destacar un episodio en el que el pavo tiene un papel central, y por partida triple, sería el 6x08 de *Modern Family*. Una familia, tres pavos y, además, mucho hincapié en la cocina en el caso del pavo que están preparando Phil y Luke, con la actuación estelar de la cocinera Nigella Lawson (que le pone voz a la aplicación que usa Phil como guía para cocinar). Esto es en cuanto a pavo preparado en el horno, la forma más clásica de hacerlo, aunque hemos visto otra manera, sumergido en aceite caliente, en otros episodios (*Friday Night Lights* 4x13, *True Blood* 7x10 o *Gilmore Girls* 3x09).

Aparte de la atracción principal, no hay cena de Acción de Gracias que no tenga otros platos que acompañan al pavo. Uno de los más habituales y curiosos es el *stuffing* o relleno. En teoría, este plato es, tal y como suena, el relleno del pavo, cocinado dentro y servido en otra fuente después. Sin embargo, en los EE.UU. actualmente lo normal es cocinar el relleno, paradójicamente, fuera del pavo. Esto es porque la USDA (el departamento de agricultura del gobierno americano) lo aconseja, ya que puede darse el caso de cocinar el pavo en su punto perfecto y que el relleno no haya alcanzado la temperatura que se considera segura. Todo esto está muy bien explicado en el 3x08 de *The West Wing*, de donde, además, hemos sacado la idea para el *stuffing*, de la receta del mismo presidente Barlet, que tenía semillas de comino, tomillo, pan de maíz, ostras, castañas de agua y salchicha *andouille*.

También tenemos: las coles de Bruselas, que siempre son rechazadas por los más jóvenes (y a veces también los adultos, como en el 10x08 de *Friends*) y que vemos preparar en su forma más sencilla por Jackie Florrick en el 4x09 de *The Good Wife*; los *yams*, preparados casi siempre en los EE.UU. con patatas dulces, pero que realmente se refiere al ñame, y es un plato dulce y potente que Will se sirve con odio en el 8x09 de *Friends*; el clásico *mashed potatoes*, que algunos verán como un puré de patatas glorificado (y así lo llamaremos), pero que tiene su aquel, incluido el hecho de que suele usarse lo que llaman *ricer* (o majador) para conseguir la mejor textura posible, algo que enseguida pide Buffy cuando está cocinando la cena y cuya ausencia en casa de Giles no comprende (*Buffy the Vampire Slayer* 4x08); y la simple e imprescindible salsa de arándanos, que muchas veces se compra en lata y que Chandler estaba muy orgulloso de haber preparado, aunque tampoco es que hubiera hecho demasiado (*Friends* 10x08).

Y, por supuesto, una comida no sería tal, si no tuviera postres. En el caso de Acción de Gracias hay muchas posibilidades: tarta de nueces pecanas, pudin, tarta de patatas dulces, tarta de manzana... pero nosotros nos hemos decantado por dos de los postres que se ven en el 2x10 *Parenthood*, uno de cada una de las familias que participan en la cena: la tarta de calabaza de la futura suegra de Crosby y la tarta de ron con pasas de Julia (una elección valiente y arriesgada, según su madre, pero no es para tanto).

Prácticamente todas las series americanas tienen un episodio o un momento dedicado a esta fiesta, lo que deja clara su importancia: *ER* (6x08), *Gossip Girl* (1x09), *Desperate Housewives* (7x08), *Family Guy* (10x06), *That 70's Show* (1x09), *Cheers* (5x09), *Happy Endings* (3x04)... solo por nombrar algunos. Aún más lo dejan algunas series que tienen momentos que nos muestran que es tan importante que, de un modo u otro, tiene que ocurrir. Por ejemplo, en el 2x11 de *Shameless*, donde los Gallagher están decididos a celebrar la fiesta, incluso con sus limitaciones económicas; o en el 5x09 de *Mad Men*, donde Betty está a dieta y tiene una cena de Acción de Gracias de tamaño «mini».

Así que, disfrutad de la cena, y hacedlo sabiendo que después os va a entrar el sueño por la cantidad de comida o, probablemente, como nos decían en el 9x06 de *Seinfeld*, por el triptófano del pavo.

Pavo de Acción de Gracias

Ingredientes

- 1 pavo de 5-6 kg aproximadamente
- 2 tazas de caldo de pollo
- ½ limón
- 1 naranja
- 2 ramitas de tomillo fresco
- 2 ramitas de romero fresco
- 3 hojas de salvia
- 6 dientes de ajo
- 1 cucharadita de semillas de comino
- 1 hoja de laurel
- *Anís estrellado*
- *2 cucharadas de sal*
- *Aceite de oliva o mantequilla*

Para inyectar al pavo

- ⅓ taza de coñac
- 2 cucharadas de aceite de oliva

 Tiempo de preparación: **200 min** ★Tiempo extra +**4 horas reposo** Miniserie

Preparación:

▶ Mezclamos el coñac con el aceite de oliva y con una jeringuilla grande inyectamos el líquido por debajo de la piel en todas las piezas del pavo, con la jeringuilla en perpendicular y en paralelo. ▶ Lo dejamos reposar durante unas 4 horas en un sitio fresco. ▶ Pasado ese tiempo, precalentamos el horno a 225 ºC. ▶ Rellenamos el interior del pavo con medio limón y media naranja cortados en cuartos, 3 dientes de ajo, una ramita de tomillo y una de romero. ▶ Untamos el pavo con aceite o mantequilla, echamos la sal y lo frotamos. ▶ En la fuente que llevaremos al horno ponemos el caldo, luego el pavo y a su alrededor las especias, las hierbas y la media naranja cortada en cuartos. ▶ Metemos la fuente en el horno y bajamos la temperatura a 175 ºC. ▶ Durante el tiempo que esté el pavo en el horno, lo sacamos cada 45 min para bañarlo bien con los jugos de cocción. ▶ Por norma, el tiempo de asado del pavo es de unos 30 min por cada kilo, por lo que un pavo de 6 kilos necesitará 3 horas aproximadamente. La temperatura de cocinado de la carne de pavo es de 73,88 ºC, así que un termómetro será un buen acompañante en el proceso. ▶ A falta de unos 45 min del tiempo previsto de horneado podemos empezar a comprobar la temperatura, para no cocinarlo de más y evitar que nos quede seco.

Gravy clásico
de Acción de Gracias

Ingredientes

- El líquido de cocción del pavo asado
- 2-3 cucharadas de maicena

 Tiempo de preparación: **15 min** Webisodio

Preparación:

▸ Cuando saquemos nuestro pavo del horno inclinamos un poco la fuente poniendo un trapo de cocina doblado debajo para que caigan los jugos del interior. ▸ Retiramos el pavo y colamos todo el jugo en una sartén. ▸ Llevamos a ebullición a fuego fuerte y dejamos reducir durante 5 min. ▸ Añadimos 2 cucharadas de maicena (si no es instantánea podemos diluirla en un poco del *gravy* antes de echarla a la sartén), incorporamos bien y cocemos durante 5 min más o hasta que haya espesado, añadiendo la cucharada extra de maicena si hace falta. ▸ Si queda muy espeso, podemos rectificar añadiendo un poco de líquido (agua, caldo de pollo o coñac). ▸ Retiramos del fuego y reservamos hasta el momento de servir.

Stuffing con pan de maíz, ostras, salchicha ahumada y castañas

Ingredientes

- 6 tazas de pan de maíz cortado en dados pequeños
- 2 cucharadas de aceite vegetal
- 250 g de salchichas ahumadas
- 1 cebolla mediana
- 3 tallos de apio
- 1 pimiento rojo
- 2 tazas de caldo de pollo
- 3 huevos
- 10 ostras
- ½ taza de perejil picado
- 2 cucharaditas de sal
- 1 ½ cucharaditas de pimienta negra
- ½ cucharadita de orégano
- 1 cucharadita de tomillo fresco
- 1 cucharadita de semillas de comino
- 100 g de castañas en trozos

 Tiempo de preparación: **45 min** Drama

Preparación:

▶ Precalentamos el horno a 175 °C. ▶ Abrimos las ostras y reservamos. ▶ Cortamos todas las verduras en trozos pequeños y las salchichas por la mitad a lo largo y después en trozos de 1 cm. ▶ Ponemos aceite en una sartén a fuego medio y salteamos las verduras durante 6 min, añadimos las salchichas y cocinamos 2 min más. ▶ Mezclamos todo en un bol. ▶ Ponemos la mezcla en un molde para el horno previamente engrasado, lo tapamos con papel de aluminio y horneamos durante 1 hora. ▶ Pasado ese tiempo, quitamos el papel y terminamos de hornear el *stuffing* destapado durante 20 min, hasta que esté dorado y empiece a tostarse un poco.

Salsa de arándanos

Ingredientes

- 350 g de arándanos
- 1 taza de azúcar
- ½ taza de agua
- 2 cucharadas de zumo de naranja
- ½ cucharadita de sal

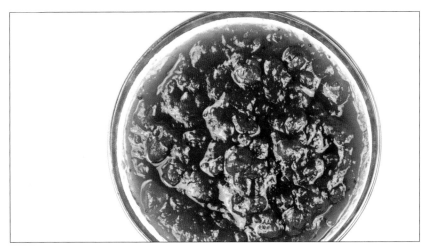

 Tiempo de preparación: **45 min** Drama

Preparación:

▸ Mezclamos todos los ingredientes y los llevamos a ebullición en una sartén a fuego medio-alto, removiendo ocasionalmente durante unos 5 min. ▸ Con una cuchara de madera presionamos los arándanos contra el fondo de la sartén y seguimos cociendo hasta que los arándanos estén en trozos y la salsa empiece a espesar y coger cuerpo, aproximadamente 5 min más. ▸ Retiramos del fuego y dejamos enfriar unos 30 min. ▸ Podemos añadir más agua si preferimos la salsa más ligera. ▸ Puede servirse fría o caliente.

Coles de Bruselas
salteadas con ajo y limón

Ingredientes

- 700 g de coles de Bruselas
- 1 cucharada de aceite de oliva
- 2 cucharadas de ajo picado
- ¼ de cucharadita de sal
- 1 cucharadita de piel de limón rallada

 Tiempo de preparación: **15 min** Webisodio

Preparación:

▸ Ponemos el aceite en una sartén a fuego medio, añadimos el ajo y lo freímos unos 30 segundos, hasta que desprenda su aroma y sin que llegue a dorarse. ▸ Bajamos un poco el fuego y añadimos las coles, removiendo con frecuencia hasta que se ablanden y empiecen a dorarse, aproximadamente durante 10 min. ▸ Añadimos dos cucharadas de agua, tapamos y lo dejamos al fuego 5 min más. ▸ Destapamos, echamos la sal y la ralladura de limón.

Puré de patatas

Ingredientes

- 1 kilo de patatas
- 1 taza de mantequilla
- 2 cucharaditas de sal
- Pimienta recién molida (opcional)

 Tiempo de preparación: **35 min** Dramedia

Preparación:

▸ Pelamos las patatas y las cortamos en cuartos. ▸ Las ponemos en una cazuela y cubrimos con agua. ▸ Llevamos a ebullición, añadimos la mitad de la sal y dejamos cocinar durante 15 min. ▸ Comprobamos que las patatas estén cocidas pinchándolas y viendo si están blandas. ▸ Después las escurrimos y, en la misma cazuela, añadimos la mantequilla y el resto de sal y machacamos todo junto. ▸ Si no tenéis el instrumento específico para ello, podéis usar un tenedor y paciencia. ▸ Cuando todo esté bien mezclado y sin grumos, tendremos el plato terminado. ▸ Para servir, podemos poner un poco de pimienta recién molida encima.

Yams

Ingredientes

- 1 kilo de boniatos
- 6 cucharadas de mantequilla
- ¼ taza de sirope de arce
- 50 g de malvaviscos blancos pequeños
- 1 cucharadita de sal

 Tiempo de preparación: **125 min** Miniserie

Preparación:

▸ Precalentamos el horno a 160 °C. ▸ Cortamos el boniato en trozos medianos, los untamos con un poco de aceite y envolvemos cada uno en papel de aluminio. ▸ Los horneamos sobre la bandeja del horno durante 1 hora y 30 min aproximadamente, comprobando con un palillo que estén blandos antes de sacarlos. ▸ Dejamos enfriar lo suficiente para no quemarnos, pero cuando aún conserven un poco de calor para que se funda fácilmente la mantequilla, quitamos el papel y los ponemos en un bol grande. ▸ Añadimos la mantequilla, la sal y el sirope, mezclamos y lo hacemos puré con un majador o un tenedor. ▸ Rectificamos el punto de sal a nuestro gusto, ponemos la mezcla en una fuente de horno y cubrimos total o parcialmente la superficie con los malvaviscos.
▸ Horneamos a 250 °C durante unos 10 min o hasta que los malvaviscos empiecen a fundirse y a coger un poco de color, sin que lleguen a tostarse.

Tarta de ron con pasas

Ingredientes

- Masa quebrada (pág. 146)
- 2 tazas de uvas pasas
- ⅓ taza de ron
- 2 huevos
- ½ taza de azúcar
- 3 cucharadas de maicena
- ¼ cucharadita de sal
- 1 ½ tazas de nata
- 4 cucharadas de mantequilla
- 1 cucharadita de extracto de vainilla
- Nata montada para cubrir

 Tiempo de preparación: **45 min** Drama ✶Tiempo extra +**4 horas nevera**

Preparación:

▸ Mezclamos las uvas pasas con el ron en un bol y lo metemos al microondas durante 1-2 min. ▸ Reservamos mientras preparamos el resto de componentes de la tarta, removiendo de vez en cuando para garantizar que las uvas pasas van absorbiendo todo el ron. ▸ Ponemos la masa quebrada en un molde de tarta engrasado, la pinchamos con un tenedor, la cubrimos con papel de aluminio, garbanzos secos (para evitar que se hinche) y la horneamos 15 min. ▸ Quitamos los garbanzos y el papel y dejamos dorar 10 min. ▸ Sacamos del horno y dejamos enfriar mientras hacemos el relleno. ▸ En un bol mezclamos bien el azúcar con la maicena y la sal; añadimos los huevos batidos hasta que esté todo bien incorporado. ▸ Calentamos la nata a fuego medio-alto hasta que empiece a burbujear un poco, pero sin que llegue a hervir. ▸ Bajamos el fuego y añadimos la mezcla de huevos y azúcar sin dejar de remover hasta que empiece a espesar. ▸ Retiramos del fuego, pasamos la mezcla a un bol y la ponemos sobre otro más grande lleno hasta la mitad con hielos. ▸ Removemos hasta que la mezcla esté tibia. ▸ Añadimos la mantequilla derretida y las uvas, que ya habrán absorbido todo el ron, e incorporamos bien. ▸ Ponemos la mezcla sobre la base de tarta y cubrimos con la nata montada. ▸ Refrigeramos durante al menos 6 horas. Para servir podemos añadir almendras picadas por encima.

Tarta de calabaza

Ingredientes

- Masa quebrada (pág. 146)
- 750 g de calabaza pelada y sin semillas
- 140 g de azúcar
- 2 huevos
- 1 cucharada de mantequilla
- 1 taza de leche
- ½ cucharadita de sal
- ½ cucharadita de nuez moscada rallada
- ½ cucharadita de canela molida
- ¼ cucharadita de jengibre en polvo

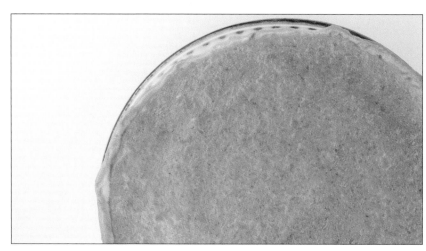

 Tiempo de preparación: **95 min** TV movie

Preparación:

▸ Precalentamos el horno a 200 °C. ▸ Cortamos la calabaza en trozos pequeños, los cubrimos con agua en una cazuela y llevamos a ebullición. ▸ Bajamos un poco el fuego, tapamos la cazuela y dejamos cocer durante 15 min aproximadamente. ▸ Cuando la calabaza esté blanda, la escurrimos y la dejamos enfriar. ▸ Mientras tanto, ponemos la masa quebrada en un molde engrasado, la horneamos cubierta con papel de aluminio y garbanzos secos, tal como hicimos en la receta de la tarta de ron con pasas. ▸ Trituramos muy bien la calabaza y reservamos. ▸ En otro bol mezclamos el azúcar con la sal y las especias y echamos los huevos batidos, la mantequilla derretida y la leche. ▸ Incorporamos a esta mezcla la calabaza triturada. ▸ Echamos el relleno de calabaza en el molde de tarta y horneamos durante 10 min. ▸ Bajamos la temperatura del horno a 170 °C y horneamos durante 35-40 min hasta que haya cuajado.

Sándwich de sobras
de Acción de Gracias

Ingredientes

- 3 rebanadas de pan de molde
- ½ taza de *gravy*
- ½ taza de *stuffing*
- 2 cucharadas de salsa de arándanos
- 2-3 rodajas de pechuga de pavo

 Tiempo de preparación: **5 min** Webisodio ✶ **l sándwich**

FRIENDS 5x09 «The One with Ross's Sandwich»

Cuando se termina Acción de Gracias, eso no quiere decir que se termine la comida. Normalmente, la idea en los EE.UU. parece ser: «Si no sobra comida, nos estamos quedando cortos». Por esa mentalidad, es muy habitual encontrar recetas e ideas para aprovechar las sobras de esta cena festiva. Y, cómo no, en nuestras amadas series tenemos un ejemplo perfecto y maravilloso de ello. En este episodio, Ross tiene un problema en el trabajo: alguien se ha comido su sándwich (aunque había puesto una nota que dejaba claro que era suyo), que no es un sándwich cualquiera, sino el delicioso que su hermana le prepara siempre con las sobras de Acción de Gracias, lo único bueno que le quedaba en su vida. El secreto, según Ross, es una rebanada de pan extra en medio del sándwich que, empapada de *gravy*, actúa como fuente de jugos. Hay que tener en cuenta que, de base, el pavo es una carne con poca grasa (aún más la pechuga) y esto puede traducirse en que quede seca. Por supuesto, al día siguiente de la cena, el problema se agrava, y tener esa rebanada que suelta humedad, es una idea genial. Después del incidente, Monica le dice que aún tiene sobras para otro sándwich más, así que, con ayuda de Phoebe y su lenguaje de la calle, consigue poner una nota mucho más amenazadora y, por supuesto, nadie se come su bocadillo. Eso sí, ahora todo el mundo cree que está loco y es peligroso. Al final, lo que termina haciendo que obliguen a Ross a tomarse unas vacaciones en su trabajo no es descubrir que fue su jefe quien se había comido aquel primer sándwich, sino que no se lo había comido todo y había tirado parte a la basura. Imperdonable.

Preparación:

▶ Lo primero y más importante de este sándwich, es preparar el *moist maker*, esa rebanada de pan que aporta humedad al bocadillo, cogiendo una de las rebanadas y dejándola empaparse de *gravy* en un plato (podemos darle la vuelta después de unos min para que se sature). ▶ Mientras, empezamos a montar, cogiendo otra rebanada y poniendo el pavo encima. ▶ Después colocamos la rebanada empapada y, sin apretar demasiado, vamos colocando el *stuffing* encima. ▶ Para terminar, ponemos salsa de arándanos y terminamos con la última rebanada de pan.

TOMAS FALSAS

A veces, se pegan dos páginas de un libro de cocina, alguien confunde un ingrediente o algo que suena delicioso en la cabeza produce justo el efecto contrario en el paladar. Para que no cometamos los mismos errores en la cocina que los personajes de nuestras series favoritas, vamos a recrear algunos de esos platos que a ellos les salieron mal. Así podremos disfrutarlos como debieron ser y nuestros invitados no tendrán que inventarse palomas imaginarias que les roben lo que les hemos servido.

Muffins de chocolate

Ingredientes

- 2 tazas de harina
- 1 taza de azúcar
- 1 taza de *chips* de chocolate
- ½ taza de cacao puro
- 1 cucharadita de bicarbonato
- 1 cucharadita de extracto de vainilla
- 1 huevo
- 1 taza de yogur natural
- ½ taza de leche
- ½ taza de aceite vegetal

 Tiempo de preparación: **35 min** Dramedia ✳**10 unidades**

Preparación:

▶ Precalentamos el horno a 200 ºC. ▶ Mezclamos la harina con el cacao, el azúcar y el bicarbonato. ▶ Añadimos ¾ partes de los chips de chocolate (o chocolate de fundir en lascas y troceado con un cuchillo). ▶ En otro bol, batimos el huevo con el yogur, la leche y el aceite; incorporamos la mezcla de harina y cacao y mezclamos hasta que esté todo bien integrado. ▶ Alineamos los moldes de *muffins* en una bandeja, los llenamos ¾ partes de su capacidad con la masa, echamos el resto de chocolate en trozos por encima y los horneamos 20 min, o hasta que un palillo salga limpio.

LOST

3x01 «A tale of Two Cities»

Un primer plano de un ojo abre la tercera temporada de la serie. Ese ojo es de Juliet Burke, a quien vemos por primera vez. Pone música e intenta distraerse de sus problemas. Entonces suena un pitido: la alarma del horno. Los *muffins* se han quemado y también la mano al sacarlos (cuidado con las bandejas). Era su aportación culinaria a la reunión de un club de lectura que esta semana tiene su casa como punto de reunión. Están leyendo *Carrie*, su libro preferido (aunque hay quien no comparte su opinión sobre la obra de Stephen King). En medio de la discusión, un temblor que traerá mucho más que un susto. El club de lectura parece que ha pasado a mejor vida, igual que los *muffins*. Suponemos que son de chocolate (como el que se ve comer a Karen en el 1x01 de **Broadchurch**) por el color porque, aunque estén quemados, no han estado tanto en el horno (los saca cuando suena la alarma, al fin y al cabo). Seguro que alguien dice que no eran de chocolate, sino de plátano y nueces, como los del 4x12 de *New Girl*, pero nosotros estamos seguros de que sí lo eran y de que os sabrán tan bien como a Jane en el 2x13 de *Orange is the New Black* (y sin nada del sentimiento de culpa).

Costillas de ternera
con miel de arce y jerez

Ingredientes

- 750 g de costillas de ternera
- 2 cucharadas de citronela seca (*lemongrass*)
- 1 trozo de 2 cm de jengibre
- 2 dientes de ajo
- 1 cucharadita de sal
- ¾ taza de jerez seco
- ½ taza de sirope de arce
- 2 cucharadas de aceite de sésamo
- ½ taza de azúcar moreno
- 1 cucharadita de sal

 Tiempo de preparación: **1755 min** Miniserie ⋆Tiempo extra +**4 horas marinando / nevera** ⋆**2 personas**

Preparación:

▸ Machacamos en un mortero el jengibre con el ajo, la citronela y la sal. ▸ Echamos esta mezcla en un bol con el resto de ingredientes, removemos bien y dejamos marinando las costillas 3 horas (o desde la noche anterior) en la nevera. ▸ Precalentamos el horno a 250 °C. ▸ Sacamos las costillas del marinado, sazonamos con sal y las metemos al horno. ▸ Colamos el marinado. ▸ A los 15 min, las bañamos con 2 cucharadas del marinado y bajamos la temperatura a 180 °C. ▸ Mientras tanto, llevamos a ebullición el resto del marinado en una cazuela. ▸ Cuando hierva, bajamos el fuego, dejamos reducir la salsa durante 30 min y reservamos. ▸ Cuando las costillas lleven 1 hora en el horno, les damos la vuelta y las bañamos con un poco de la salsa. ▸ Las dejamos 40-60 min más, hasta que estén tiernas y se desprendan del hueso. ▸ Servimos acompañadas con la salsa.

DESPERATE HOUSEWIVES 6x19 «We All Deserve to Die»

Bree Van de Kamp es la mujer desesperada que nació con el delantal de cocina, anfitriona por naturaleza. A pesar de sus reticencias, en la quinta temporada de la serie publica su primer libro de cocina para, dice, «animar a las mujeres a sentir que por lo menos hay un plato que pueden hacer bien, aunque sea una *casserole*». En este episodio de la sexta temporada, Bree está en medio de la preparación de un nuevo libro, mientras su hijo Andrew, que desde el 4x17 es su asistente, lidia con la aparición de Sam Allen, un misterioso joven que enseguida se gana la confianza de Bree en la compañía de catering y llega a ser vicepresidente. Es entonces cuando, en una cena organizada por su publicista, y de la que depende la publicación del libro, Bree descubre que alguien ha intentado sabotear el plato que iba a servir. El sabotaje es sutil e inteligente, como bien señala Orson después: sustituir el contenido de la botella de jerez por vinagre, lo que arruina el plato sin necesidad de que el culpable esté en la cocina. Para «arreglarlo», Bree activa la alarma de incendio y los aspersores de emergencia antes de que alguien pruebe la comida. Pero no os preocupéis, a no ser que alguien os cambie los ingredientes, a vosotros las costillas os van a quedar deliciosas.

Trifle

Ingredientes

- Bizcochos de soletilla
- Mermelada de fruta
- Fresas
- Plátanos
- Frambuesas
- Nata montada

Para la crema inglesa

- 1 taza de leche
- 1 taza de nata de montar
- 2 yemas huevo
- 1 cucharada de maicena
- 1 cucharada de azúcar
- ½ cucharadita de extracto de vainilla

 Tiempo de preparación: **35 min** Dramedia ✶Tiempo extra + **1 hora nevera**

Preparación:

▶ Empezamos con la crema. ▶ Calentamos la leche y la nata de montar a fuego lento, sin que llegue a hervir. ▶ En un bol, batimos las yemas de huevo con el azúcar, la vainilla y la maicena hasta obtener una crema pálida. ▶ Echamos poco a poco la leche en esta mezcla y removemos bien con una cuchara de madera. ▶ Devolvemos la mezcla a la cazuela a fuego lento y seguimos removiendo hasta que espese. ▶ Dejamos enfriar totalmente. ▶ Para montar el *trifle*, empezamos con una capa de bizcochos (los podemos bañar con algún licor), luego una de mermelada, una de crema inglesa fría, fruta fresca cortada, nata montada y acabamos con unas frambuesas, almendras laminadas o chocolate rallado. ▶ Lo dejamos una hora en la nevera antes de servir.

FRIENDS

6x09 «The One Where Ross Got High»

Preparar el postre de una cena tan importante como la de Acción de Gracias no es algo para tomarse a la ligera (como también vemos en el 2x10 de *Parenthood*). Es por eso que, cuando Monica dice que confía en Rachel para esta importante tarea, no está diciendo cualquier cosa. Incluso ella se sorprende cuando Monica le dice a Phoebe que no tiene postre alternativo, que no hay plan B: lo que haga Rachel será el postre. Así que, cuando Ross y Joey (que quieren ir a «cenar» con la compañera de piso de Joey y sus amigas bailarinas) se dan cuenta de que Rachel tiene un problema con el postre, la cosa es grave. Al parecer, dos páginas pegadas en una revista de cocina han hecho que prepare algo que es mitad *trifle* tradicional inglés y mitad *shepherd's pie*. Todos sabemos que eso es, básicamente, imposible (a no ser que la revista maquete sus recetas de manera horrible y extraña), pero nos sigue haciendo gracia ver ese resultado en el que una capa de bizcochos de soletilla da paso a una de ternera salteada con guisantes y cebolla. Hay que darle crédito a Rachel: a ella también le pareció raro… pero lo dejó pasar por las extrañezas culinarias de los británicos y el hecho de que, realmente, tenían un postre con carne, el *minced meat pie*. Aunque hoy en día, lo normal es que la carne solo se mantenga en el nombre del plato. El resultado no tiene mucho futuro en el mundo de la cocina (en parte por ese «sabor a pies» al que Ross hace referencia), pero Joey parece disfrutarlo y su lógica es aplastante: todos los componentes le gustan. Nosotros os dejamos con la receta para hacer ese *trifle* tradicional inglés que Rachel quería preparar, no peguéis las páginas.

Peanut butter
and banana quesadillas

Ingredientes

- 4 tortillas de trigo
- 2 plátanos
- Mantequilla de cacahuete
- 2 cucharaditas de mantequilla

 Tiempo de preparación: **5 min** Webisodio ⋆**2 personas**

Preparación:

▶ Untamos dos de las tortillas por una cara con mantequilla de cacahuete y disponemos encima el plátano en rodajas. ▶ Cubrimos con las otras dos tortillas (también podéis doblar cada tortilla por la mitad en forma de media luna, que es como se hace la quesadilla de forma tradicional). ▶ Derretimos mantequilla en una sartén y doramos unos segundos por cada lado para tostarlas un poco. ▶ Cortamos en octavos y servimos. ▶ Se comen recién hechas.

BUFFY THE VAMPIRE SLAYER

6x10 «Wrecked»

La sexta temporada de la serie no es su época más feliz: Buffy ajustándose a su nueva situación, Willow lidiando con su «magiadicción»... En medio de todos los problemas de la vida real, crisis existenciales y fuerzas místicas, Dawn, ya una adolescente, queda siempre en medio de todo y a un lado al mismo tiempo. Eso quiere decir que está pasando mucho tiempo sola, o con Tara, en casa. Así que, en muchos momentos, Tara es su única influencia positiva. Como la ve cocinar *pancakes* con formas divertidas (en el 6x01) y va con ella al cine y a tomar batidos (en el 6x09), lo normal es que quiera hacer esas cosas. En este episodio,

mientras Willow duerme, Dawn se mete en la cocina a preparar este plato (no os aconsejamos que no uséis espátula, no son para débiles). Pero, cuando la bruja resacosa emerge de su habitación, la pequeña de las Summer acepta su oferta de salir a cenar y abandona su creación. Lo curioso de toda la escena es lo siguiente: realmente nunca prepara el plato, lo único que hace es calentar las tortillas. De hecho, eso es lo único que se le ve comer en la escena y, desde luego, nada de montarlo (aunque se ven los ingredientes preparados). Así que, Dawn acepta nuestro consejo: prepara estas quesadillas y pruébalas, seguro que te

va a gustar la mezcla de dulce y salado (por no decir que te ahorrarás lo que pasa después).

Soufflé

Ingredientes

- 4 yemas de huevo
- 5 claras de huevo
- 1 taza de leche
- 2 ½ cucharadas de mantequilla
- 3 cucharadas de harina
- ½ cucharadita de pimentón
- ½ cucharadita de sal
- 1 pizca de nuez moscada
- 1 taza de queso gruyer rallado
- 2 cucharadas de parmesano rallado

 Tiempo de preparación: **55 min** Drama de cable ⋆**4 personas**

Preparación:

▶ Engrasamos con mantequilla 4 moldes pequeños de *soufflé* y los espolvoreamos con el queso parmesano, girando el molde para que se adhiera en todo el interior. ▶ Reservamos. ▶ Calentamos la leche a fuego medio-bajo hasta que empiece a humear. ▶ Mientras tanto, derretimos la mantequilla a fuego medio. ▶ Añadimos la harina y removemos durante 3 min. ▶ Retiramos del fuego y dejamos reposar 1 min. ▶ Añadimos entonces la leche y batimos hasta que esté bien incorporado. ▶ Ponemos otra vez al calor sin dejar de remover y pasados 3 min retiramos otra vez del fuego. ▶ Echamos el pimentón, sal y nuez moscada y luego las yemas de huevo, una a una y mezclando bien cada vez. ▶ Dejamos enfriar a temperatura ambiente mientras precalentamos el horno a 200 °C y batimos las claras a punto de nieve. ▶ Incorporamos las claras poco a poco a la mezcla anterior, mientras la espolvoreamos con el queso gruyer rallado. ▶ Echamos la mezcla en los moldes y alisamos la superficie. ▶ Metemos al horno y bajamos la temperatura a 180 °C. ▶ Horneamos durante 25 min, hasta que hayan subido y estén dorados. ▶ Servimos inmediatamente.

DOCTOR WHO

7x01 «Asylum of the Daleks»

«El *soufflé* no es el *soufflé*, el *soufflé* es la receta». Eso decía Ellie Oswald y así, dice su hija, puede ella preparar el *soufflé* de su madre... excepto que nunca puede hacerlo. Ya sea porque no son reales, como en el episodio en el que conocemos a Clara Oswald, o porque es interrumpida por una carta enviada a través del tiempo (7x14), no es capaz de ser «Souffle Girl». Durante este episodio, Clara intenta ayudar al Doctor y sus acompañantes a combatir a los Dalek desde su nave averiada. Antes de que estos bienvenidos visitantes llegaran, Clara se pasa el día intentando hacer soufflés y defendiendo su nave. Intentando, porque o bien se queman, o bien no suben, pero no puede conseguir lo que quiere. La obsesión por prepararlos está unida a su esencia. En el 7x06, cuando entra en la TARDIS, una de las primeras cosas que pregunta es, «¿hay cocina?, me gusta hacer *soufflés*». No sabemos si a finales del siglo XIX pudo prepararlos o no, pero lo que es seguro es que hoy en día es más fácil. Por cierto, si queréis ver a personajes triunfando en la batalla con el plato, podéis hacerlo en el 6x12 de *Parenthood*. Ah, y dos consejos: manteneos alejados de ingredientes como los que salen en el 2x08 de *True Blood*; y no molestéis a quien los está haciendo, u os pasará como a los hermanos Crane en el 2x23 de *Frasier* o a August en el 3x27 de 3rd *Rock From the Sun*.

Picantón relleno de arroz salvaje

Ingredientes

- 1 pollo picantón
- 1 ½ tazas de caldo de pollo
- ½ taza de arroz salvaje cocido
- ½ taza de cebolla picada
- ½ taza de apio picado
- ¼ taza de albaricoques secos
- ¼ taza arándanos secos
- ¼ taza nueces
- ½ cucharada de mantequilla
- ¼ cucharadita de tomillo seco
- ⅛ cucharadita de pimentón
- ⅛ cucharadita de pimienta negra
- ⅛ cucharadita de sal
- ¾ taza de zumo de naranja

 Tiempo de preparación: **55 min** Drama de cable ✶**2 personas**

Preparación:

▶ Precalentamos el horno a 200 ºC. ▶ Derretimos la mantequilla en una sartén a fuego medio y rehogamos la cebolla y el apio 10 min. ▶ Añadimos el arroz cocido, la fruta seca, las nueces, las especias y la sal; removemos y retiramos del fuego. ▶ Salpimentamos el pollo y lo rellenamos con la mezcla anterior, lo bañamos con la mitad del zumo de naranja y lo metemos al horno durante 40 min. ▶ A mitad de la cocción lo bañamos con el zumo de naranja restante.

FRASIER

10x14 «Daphne Does Dinner»

A Frasier y a Niles les gusta ser los anfitriones, les gusta dar fiestas en sus casas, cocinar platos espectaculares, entretener con sus conocimientos… pero sus fiestas siempre suelen arruinarse por una cosa o por otra, es su maldición. De hecho, el episodio comienza con una fiesta en casa de Frasier que ha evolucionado horriblemente: tortazos, mentiras, chefs enfadados, tupés quemados, cabras vomitando… Como dice su padre, las fiestas acaban mal porque siempre están intentando impresionar. Con tantos desastres, cuando se presenta la oportunidad de celebrar otra cena, Daphne sugiere que sean ella y Niles los que la organicen, dejando a Frasier de lado. Por supuesto, este no se lo toma muy bien, y menos cuando Niles le dice que ni siquiera puede cocinar, porque Daphne se encarga de la comida (y la ha convencido para que no prepare *piccadilly beef*, que no le suele salir muy bien, por lo visto). La verdad es que todo empieza estupendamente, pero cómo no, acaba complicándose y Daphne tiene que pedir la ayuda de Frasier cuando el plato que estaba haciendo se quema. Frasier no solo está contento, sino que estaba preparado para ello y, además, podrá preparar su salsa marca de la casa (de granada y miel), todo sin que Niles se entere (lo que puede no impedir el fracaso). El ingrediente estrella del plato es la *cornish game hen*, que en castellano se conoce como picantón, un pollo pequeño que suele pesar alrededor de medio kilo.

ADAPTACIONES
IMPOSIBLES

RECETAS
CANCELADAS

RECETAS
ÚTILES

TRUCOS

ADAPTACIONES IMPOSIBLES

No toda la comida que vemos en televisión es fácilmente (o en modo alguno) replicable en nuestras humildes cocinas. A veces, porque tiene ingredientes que no existen y otras, porque podríamos cocinarla, pero preferimos no hacerlo para no tener que ir al hospital después. Los personajes de las series tienen la ventaja de que no son reales así que pueden no engordar, no sufrir infartos o estar durante días observando una cazuela hervir. Todo eso está muy bien, pero no quita que cuando veamos ciertas escenas nos entre el hambre o la curiosidad (insana muchas veces). Aquí tenéis algunos buenos ejemplos.

The Four Horse Meals of the Egg-Pork-alypse
Parks and Recreation
3x03

El plato favorito de Ron Swanson incluye un revuelto de 12 huevos, bacon, salchicha, jamón, *hash browns*, filete de pollo empanado y una montaña de *pancakes*. Ron no tiene que preocuparse por el colesterol, nosotros sí. Aunque, incluso en la ficción, el plato fue condenado en 1998 por la American Heart Association y Médicos sin Fronteras. Eso debería de ser suficiente para no acercarse.

Ensalada de siete capas
How I Met Your Mother
1x09

Para ser un auténtico (y enorme) Eriksen, hay que comer esta ensalada que hace la madre de Marshall. Lily, por supuesto, tiene casi pesadillas mirando esta monstruosidad mientras está siendo creada, y no solo por lo diminuta que se ve ella a su lado. No está del todo claro qué tienen todas las capas, pero viendo la imagen y convencidos de que, habiendo dos opciones posibles, la más insana será la acertada, estas son nuestras apuestas: bacon troceado, cheddar rallado, col morada, aros de cebolla, ositos de gominola y patatas fritas. Por supuesto, también tiene 16 tazas de mayonesa repartidas entre cada una de las capas… Queda claro que la ensalada no es siempre la opción más sana de la carta.

Tarta nupcial de palomas
Game of Thrones
4x02

En el mundo de la serie existen tartas de paloma normales, algo parecido a esas tartas de carne que tanto gustan en el mundo anglosajón. Pero las tartas de boda, claro, tienen que ser especiales, sobre todo las de las bodas de la nobleza. Además, en el caso que nos ocupa, es la boda de un rey, así que poco más especial se puede hacer: una enorme tarta de palomas que dará de comer a todos los invitados y que, para añadir dramatismo, tiene una bandada de palomas vivas dentro que saldrá volando al cortar. Lo último puede quedar bonito, suponemos, pero en el episodio, gracias al ejecutor del corte y sus formas, el asunto queda más repugnante que otra cosa.

Sir-Loins-A-Lot
The Simpsons
10x17

Otro campeón en esto de la exageración culinaria, sin duda, es Homer Simpson y en este episodio va a comer a un restaurante que está a la altura de sus ambiciones, The Slaughterhouse (El Matadero). Después de exigir una comida a su altura, se encuentra con el desafío de esta comida que solo 2 personas han terminado antes (Tony Randall y Red Barclay): un solomillo de ternera de un poco más de 7,250 kg. Si alguien quiere ponerse a ello, que no olvide no atiborrarse de pan antes de empezar y de tener cuidado con las alucinaciones y la «intoxicación cárnica»… La última, probablemente, haya sido por otra cosa.

La Bombe
The Simpsons
11x03

Otra cosa de la que Homer puede ser el campeón, es de «persona a la que han intentado asesinar en más ocasiones». En este caso, un grupo de hosteleros, hartos de las críticas negativas de Homer en el periódico, decide tentarle con un postre que será el último de su vida: un pepito de más de 1 millón de calorías, con un poco más de 1,75 kg de mantequilla por centímetro cuadrado, cubierto por un chocolate tan negro que la luz no se refleja en su superficie. Ah, y también tiene veneno, por si acaso. No recomendamos experimentar para ver si es posible que exista tanta mantequilla en tan poco espacio. O echar veneno a la comida, eso tampoco.

Grilled crayon sandwich
The Simpsons
16x02

Ralph Wiggum no es el más brillante de los personajes de la serie y el plato que presenta para participar en una competición culinaria es una buena muestra de ello: un sándwich de pinturas de cera que, por más que diga su padre, no parece que esté delicioso. Más bien, parece que es algo peligroso, no solo por la cera, sino también por el tema de las chinchetas, que no deben sentar muy bien.

Glace de viande
Northern Expousure
4x21

No os quede duda, hacer este tipo de concentrado de carne, reducido hasta que queda gelatinoso y oscuro, lleva tiempo y buenos ingredientes. Pero no es necesario llegar al punto del chef francés que ha contratado Maurice J. Minnifield para su fiesta de este episodio, que dice que hacen falta los huesos y carne de 40 vacas para conseguirlo: cocinar, remover y cocinar hasta que solo queda una taza de té con maravillosa esencia de ternera. Desde luego, nosotros no podemos permitirnos este método y, casi, nos sería igual de fácil encontrar una perla en la oreja de un cerdo.

Cheesy Blasters
30 Rock
4x01

Liz Lemon es una amante de la comida en general, pero más concretamente de las «cerdadas». Nosotros os hemos dado algunas recetas que, vamos, ligeras no son, pero no hemos llegado a este nivel: perrito caliente relleno con queso y envuelto en pizza. Se nos hace la boca agua de solo pensarlo. Si os animáis, en el libro tenéis todos los elementos para hacerlo, pero no os lo aconsejamos, aunque venga recomendado por Meat Cat.

Sloppy Jessica
Brooklyn Nine-Nine
1x20

En este episodio, Jessica decide darse el capricho definitivo y comer todo lo que había querido comer en las últimas 48 horas pero no había podido: un bocadillo de *mac 'n' cheese*, chili y pizza. También podéis hacerlo con las recetas que os hemos dado, pero tampoco os lo recomendamos. Por vuestra salud (y un poco porque os vais a ensuciar a niveles legendarios).

Ulti-Meatum
Regular Show
3x21

Ya os hemos dado una receta de la serie reducida en escala para personas normales. En este caso no hay reducción posible: una hamburguesa de queso grande cocinada dentro de otra hamburguesa más grande y con otras dos hamburguesas actuando como pan. Todo con queso y kétchup, y sin olvidar que cada hamburguesa viene con su propio par de bollos. Por supuesto, las hamburguesas que actúan de pan, están cocinadas en la freidora. Ah, según Muscle Man, la versión de Idaho viene con una bolsa de patatas dentro como añadido. Ideal.

RECETAS
CANCELADAS

Seguro que has llegado a esta página y sientes que nos hemos dejado algún plato importante en el tintero. Teniendo en cuenta la enorme cantidad de series que existen, es algo que tenía que pasar, pero como también ha habido algunas recetas que, estando en nuestra lista inicial, se han quedado fuera del libro, hemos creado esta sección para mencionar algunas comentando las razones de su cancelación.

Porque no las encontramos en otras series

La *zuppa di cozze* del 2x13 de los *The Sopranos*, el *ratatouille* del 3x10 de *Orange is the New Black*, el *babaganush* del 6x20 de *The Office*, la *linzer torte* del 3x27 de *3rd Rock From the Sun* o las *arepas* de *Jane the Virgin*.

Porque no había una receta particular

Los *espaguetis* de Pacey en el 4x12 de *Dawson's Creek*; los *desayunos* de Desmond (*Lost* 2x01), Kate (*Lost* 3x01) o Alicia y Diane (*The Good Wife* 6x01); la *lubina* que tan expertamente limpia Gloria Akalitus en el 7x07 de *Nurse Jackie* o las *grilled pizzas* de Marnie en el 3x01 de *Girls*.

Porque no nos encajaban con el estilo del libro

Aquí teníamos cosas como el gazpacho que hace Betty en el 2x08 de *Mad Men*, un plato estupendo de la comida española que no termina de encajar en nuestra alineación.

Porque tienen ingredientes que son demasiado concretos y dificilmente sustituibles

Aquí nos encontramos con varios casos, pero os ponemos como ejemplo las *dolmas* que prepara Hannah en el 8x11 de *Dexter*. Las hojas de parra no son lo más raro del mundo, pero tampoco se encuentran habitualmente en el mercado. También ayudó que fuera algo bastante anecdótico y puntual en la serie.

Porque ya teníamos un plato parecido

Por poner un ejemplo, tenemos el famoso *Krabby Patty* de *SpongeBob Squarepants*, que no incluimos porque no queríamos meter muchas hamburguesas (y había muchas más). Además, creemos que una hamburguesa que tiene 5 salsas (kétchup, mostaza, mayonesa, salsa tártara y salsa secreta), una de ellas desconocida, y doble ración de pepinillos, no se sostiene tan bien en la superficie como en una piña debajo del mar.

Por razones de maquetación, espacio y paginación

Hemos dejado fuera el *babka de chocolate* que aparecía al principio y final de la tercera temporada de *Orphan Black* y en el 5x13 de *Seinfeld*. Una pena, pero no hemos podido encajarla.

RECETAS ÚTILES

Masa de pizza
estilo Nueva York

Con esta receta podemos preparar dos pizzas medianas, una grande o una pizza mediana y dos calzones tamaño ración.

Ingredientes

Ingredientes

- 2 ¼ cucharaditas de levadura en polvo
- 1 taza de agua templada
- ½ cucharada de azúcar
- 3 tazas de harina de fuerza
- 2 cucharadas de aceite de oliva
- 1 ½ cucharaditas de sal

Preparación

▸ Mezclamos en un bol la levadura, el azúcar y media taza de harina con el agua. ▸ Dejamos reposar 20 min para que se active la levadura. ▸ Pasado ese tiempo, notaremos que la mezcla ha reaccionado formando unas figuras con relieve en la superficie. ▸ Añadimos entonces el aceite de oliva, la sal, dos tazas de harina y mezclamos con una cuchara de madera hasta que todo esté suficientemente incorporado. ▸ Enharinamos la superficie donde vayamos a amasar y trabajamos la masa con las manos durante unos 10 min, añadiendo poco a poco la harina restante hasta obtener una masa elástica y suave. ▸ Puede que no necesitemos añadir toda la harina, solo la suficiente para que al amasar no se pegue a la superficie en la que estamos trabajando. ▸ Le damos forma de bola y la dejamos reposar en un molde engrasado con aceite para que la masa no se pegue al subir. ▸ Untamos también un poco de aceite sobre la superficie de la masa con la mano. ▸ Dejamos tapada con un trapo de cocina durante 2 horas en un lugar templado. ▸ Cuando haya pasado ese tiempo, la masa deberá haber doblado su volumen. ▸ La dividimos en dos partes, envolvemos cada una en papel film y refrigeramos. ▸ Puede estar hasta 3 días en la nevera hasta que vayamos a usarla y también se puede congelar. ▸ En ambos casos, antes de usarla la sacaremos de la nevera o el congelador hasta que esté a temperatura ambiente.

Masa quebrada

Esta masa os servirá para varias de las tartas, la quiche, el *pot pie* y los *Pop-Tarts*. Con esta receta obtenemos dos láminas de masa, que podemos usar para una tarta tapada o con enrejado. Si para el plato solo necesitamos una base, podemos guardar la otra hasta una semana en la nevera o congelarla.

Ingredientes

- 2 ½ tazas de harina
- 225 g de mantequilla fría
- ½ taza de agua fría
- 1 cucharada de azúcar
- 1 cucharadita de sal

Preparación

▶ En un bol grande, mezclamos bien la harina con el azúcar y la sal. ▶ Añadimos la mantequilla fría cortada en dados de 1 cm y trabajamos con un mezclador de masas manual *(pastry blender)*. ▶ Si no tenemos uno, lo hacemos con un tenedor. ▶ Lo que queremos es ir aplastando la mantequilla e integrándola poco a poco con la harina hasta formar migas. ▶ Añadimos entonces el agua fría (de nevera) y mezclamos con una espátula hasta conseguir una masa firme. ▶ Amasamos con las manos (antes las lavamos con agua fría para mantener la temperatura de la mantequilla) para terminar de integrarla y formamos una bola. ▶ Dividimos la masa en dos y la ponemos sobre papel film, aplastamos formando discos de 10 cm, tapamos bien con el papel y dejamos en la nevera durante 1-2 horas antes de usarla. ▶ En este punto congelaremos la masa si no vamos a usarla en los próximos días. ▶ Si la congelamos, la sacamos y dejamos descongelar en la nevera el día anterior.

Horseradish
(salsa de rábano picante)

Podemos encontrarla preparada en tiendas especializadas, pero también es muy fácil de hacer de forma casera si conseguimos el ingrediente básico: rábano picante, nombre que puede llevar a confusión porque no es el rábano como lo conocemos, sino una raíz con apariencia algo parecida a un nabo.

Ingredientes
(para una taza de salsa)

- 450 g de rábano picante
- 3 cubitos de hielo
- I cucharadita de sal
- ¼ taza de vinagre de vino blanco

Preparación

▶ Pelamos el rábano picante, partimos en dados y lo lavamos bajo el grifo. ▶ Lo ponemos en la picadora con los cubitos de hielo y la sal y trituramos. ▶ Añadimos el vinagre (si tenemos que quitar la tapa de la picadora para añadirlo, debemos evitar que los humos que emanan vayan directos a nuestra nariz y ojos) y trituramos otra vez. ▶ Destapamos con cuidado y envasamos en un tarro de cristal.

Salsa marinara

Ingredientes (para una taza de salsa)

- 1 cebolla
- 6 dientes de ajo
- 750 g de tomate troceado
- ⅓ taza de albahaca fresca picada
- 1 cucharada de azúcar
- ½ taza de vino tinto
- Sal y pimienta recién molida

Preparación

▸ Con estas cantidades, podéis preparar la ternera a la parmesana, un plato de pasta, mojar los palitos de mozzarella o poner con las albóndigas del *Meatball sub*. ▸ Para hacerla, pochamos la cebolla con un poco de aceite durante 5 min a fuego medio-alto. ▸ Cuando esté transparente, añadimos el ajo sin dejar de remover. ▸ Pasados 2 min, añadimos la albahaca, el tomate, el vino, sal y pimienta. ▸ Cuando empiece a hervir bajamos el fuego y dejamos reducir durante 1 hora y 30 min.

Sunday gravy

Ingredientes (para 5 tazas)

- 1 cebolla picada
- 3 dientes de ajo picado
- 400 g de carne de ternera picada
- 200 g de salchichas italianas dulces*
- 1 lata grande de tomates en trozos
- 1 lata pequeña de tomate triturado
- 1 taza de vino tinto
- 6 hojas de albahaca

* Para las salchichas italianas dulces

- 200 g carne de cerdo picada
- 1 cucharada de vinagre de vino tinto
- 1 cucharadita de sal
- 1 cucharadita de pimienta negra
- 1/3 cucharada de perejil seco
- 1 cucharadita de ajo en polvo
- 1 cucharadita de cebolla en polvo
- 1 cucharadita de albahaca seca
- 1 cucharadita de pimentón
- 1/2 cucharadita de cayena molida
- 1/4 cucharadita de semillas de hinojo
- 1/4 cucharadita de azúcar moreno
- 1 pizca de orégano seco
- 1 pizca de tomillo seco

Preparación

▸ Las salchichas italianas dulces son uno de los secretos de esta salsa y no es fácil encontrarlas en el mercado. ▸ Para hacerlas en casa, mezclamos todos los ingredientes hasta que todas las especias queden bien incorporadas con la carne. ▸ Dividimos en 2 partes, ponemos sobre papel film y enrollamos como un cilindro, formando las salchichas. ▸ Refrigeramos al menos 2 horas y media. ▸ Para la salsa, rehogamos la cebolla y el ajo a fuego medio hasta que la cebolla esté blanda, aproximadamente 7 min. ▸ Echamos la salchicha en trozos de 1,5 cm, la carne picada y sazonamos con sal y pimienta. ▸ Cocinamos removiendo frecuentemente hasta que la carne empiece a dorarse. ▸ Añadimos el vino, dejamos que se evapore durante 1 min e incorporamos los tomates; rectificamos de sal, tapamos parcialmente y llevamos a ebullición. ▸ Bajamos el fuego y cocinamos durante 90 min, removiendo ocasionalmente. ▸ Justo antes de apagar el fuego, añadimos las hojas de albahaca troceadas con la mano.

TRUCOS

Cocinar pasta como los que saben

Aunque en muchas escenas de series vemos que sirven la pasta y le ponen encima un cazo de salsa, esta no es la mejor forma de hacerlo. Para que la pasta absorba el sabor de la salsa y no nos quede pasada, debemos seguir el consejo de Ralph en el 3x09 de *The Sopranos*: la cocemos un min menos de lo que indiquen las instrucciones para que quede *al dente* y la echamos en la cazuela donde tenemos la salsa caliente, removemos durante un min y servimos.

Y, si queréis preparar unos espaguetis a la carbonara de los de verdad, sin nata, en una escena del episodio 7x02 de *Criminal Minds*, David Rossi nos cuenta todos los secretos de esta salsa en una lección de cocina.

Cómo pochar huevos

1 Cuando el agua esté hirviendo, le damos vueltas rápidamente a una cuchara para formar un remolino en el que dejaremos caer con cuidado el huevo (si cascamos el huevo en una taza y lo echamos desde ella, será más fácil). Así, la clara se recogerá con el movimiento del agua. Dejamos cocer 4 min y sacamos con cuidado con una espumadera.

2 Con esta técnica puede que nos sintamos más seguros la primera vez que los hagamos. Cubrimos con papel film una taza pequeña de café (dejamos que el papel sobresalga por el borde) y cascamos dentro el huevo. Cogemos los extremos del papel y cerramos bien haciendo un nudo (o con hilo de cocina) e intentando sacar todo el aire. Ponemos en agua hirviendo durante 4 min, retiramos y cortamos la cocción en agua con hielo. Para servir, retiramos el papel (parece obvio, pero preferimos decirlo, que para eso estamos).

Cómo hacer tacos crujientes

Este sencillo truco nos permitirá hacer tacos crujientes para rellenar al gusto sin necesidad de freírlos. Solo necesitamos dejar colgando cada tortilla en 2 o 3 de las varillas de la rejilla del horno y hornearlas a 200 ºC hasta que mantengan la forma y estén crujientes.

Cómo hacer mayonesa casera

Ponemos un huevo (a temperatura ambiente) en un vaso de batidora, añadimos un chorro de zumo de limón, una pizca de sal, media taza de aceite de girasol (podemos añadir un poco de aceite de oliva, pero mezclado con el de girasol porque su sabor es muy intenso) e introducimos el batidor. No lo movemos hasta que haya emulsionado y no quede apenas aceite. Echamos más aceite si la queremos más espesa y rectificamos de sal.

En verano o en tierras muy cálidas, son un problema las preparaciones con huevo crudo. En estos casos, podemos hacer una lactonesa para la que usaremos media taza de leche (a temperatura ambiente) y una de aceite de girasol. Ponemos la leche en el vaso de la batidora, inclinamos un poco el vaso y añadimos el aceite de forma que caiga por un lateral y flote sobre la leche. Añadimos la sal y metemos el brazo de la batidora hasta el fondo, una vez más sin levantarlo hasta que emulsione. Echamos un chorrito de vinagre o limón y más aceite, si hace falta, hasta que espese.

ÍNDICE SERIES

ÍNDICE RECETAS

ÍNDICE SERIES

ÍNDICE SERIES

Daniel López y Valentina Morillo son dos serieadictos que desde 2011 graban el podcast Del sofá a la cocina en el que comentan series de televisión, películas y cocina. Después de más de 180 programas, y muchas más horas de vida invertidas en ver series que las que dedica un gato a dormir, se pusieron manos a la obra para crear el libro que les gustaría tener.

Para comunicarte con ellos, si tienes dudas sobre algún ingrediente o la preparación de las recetas, puedes usar cualquiera de estas formas de contacto:

Web: delsofaalacocina.com
Twitter:@delsofapodcast
Facebook @delsofaalacocina
Email: libro@delsofaalacocina.com

No olvides compartir las fotos del libro, de los platos que hagas y de tus fiestas temáticas en todas las redes sociales utilizando el *hashtag* #delsofáalacocina.